Inhaltsverzeichnis

Vorwort

Unsere Gesellschaft – und mit ihr die ganze Menschheit und jeder einzelne von uns – ist vom Aussterben bedroht. Diese Entwicklung konnte nur deshalb eintreten, weil wir schlafen und aus diesem Grund nicht merken, was um uns vorgeht. Wenn wir aufwachen, müssen wir feststellen, daß sich unsere Welt verändert hat und wir uns mit ihr.

Zwischen diesem ›großen Schlaf‹ und unseren Süchten besteht ein unmittelbarer Zusammenhang. Wir schlafen, weil wir süchtig sind, und wir sind süchtig, weil wir schlafen. Dieses Buch soll die verschiedenen Arten von Süchtigkeit, die in unserer Kultur vorherrschen, aufzeigen und uns helfen, diese Süchte zu heilen. Alles kann zur Sucht werden, und niemand ist vor ihr gefeit – sie ist in allen Schichten unserer Gesellschaft zu finden. Präsidenten, Generäle und Sozialfälle: Alle stecken sie in den Fängen ihrer Süchte.

Es gilt zu entdecken, warum wir uns für süchtige Verhaltensweisen entschieden haben und wie wir sie rückgängig machen können. In uns allen schwelt dieser innere Hunger, und dieses Buch soll uns lehren, den Grad der eigenen Süchtigkeit herauszufinden, damit wir uns selbst heilen können.

Seit zwölf Jahren befasse ich mich mit dem inneren Zyklus meiner eigenen Süchtigkeit, langsam erklimme ich die Stufen des Erfolgs, und bei jedem Schritt lerne ich mehr über mich und meine Süchte. Als Therapeutin und Heilerin arbeite ich seit zehn Jahren mit dem Emotionskörper (also nicht mit dem körperlichen, sondern mit dem emotionalen und geistigen Aspekt der Persönlichkeit) und erforsche sämtliche Verhaltensweisen, die mit einem kranken Kern zu tun haben. Die Methode, die ich hier aufzeige, wende ich sowohl in meinen Workshops als auch bei der Einzeltherapie mit meinen Patienten an. Zu Beginn waren die Workshops als Hilfsprogramm für Leute, die zu rauchen aufgehört hatten, gedacht, damit auch auf tieferer Ebene die Heilung fortgesetzt werden konnte. Durch meinen eigenen Heilungsprozeß hatte ich erkannt, daß der Bruch mit der Gewohnheit der erste Schritt zur Heilung ist. Es stellte sich heraus, daß die Methode auf alle Süchte und die dadurch bedingten Gewohnheiten anwendbar ist. Mein Lebensgefährte und ich stehen seit Jahren in diesem Entwicklungsprozeß und entdecken immer wieder neue und subtilere Schichten, die wir bearbeiten wollen.

Die Patienten, die gelernt haben, diese Methode anzuwenden, berichten mir ebenfalls, daß sie immer wieder neue Schichten innerer Abhängigkeit entdecken. Auf schöpferische Art und Weise experimentieren sie mit der erlernten Methode und erforschen jeden neuen Grad von Sucht, den sie entdecken. Es handelt sich tatsächlich um eine Entdeckungsreise, an der wir unseren Spaß haben können und die zu einem Bestandteil unseres Lebens wird.

Bei der Methode handelt es sich um nichts anderes, als bewußt wahrzunehmen, was wir fühlen. Es geht darum, diese Gefühle fortlaufend ins Bewußtsein zu holen und neue Wege zu finden, sie zum Ausdruck zu bringen. Es sind Gefühle, die jeder Mensch in sich trägt. Das klingt sehr einfach, doch wir können diese Techniken ein Leben lang anwenden, um sämtliche Suchtschichten zu heilen, die sich in uns angesammelt haben. Schließlich werden wir die Einflüsse erkennen, die den Suchtzyklus in unserem Inneren in Bewegung setzen, und wissen, wie wir uns mittels der Methode vor der Entwicklung neuer Gewohnheiten schützen können. Sobald wir diese Technik beherrschen, können wir sie überall in unserem Leben anwenden. Sie ist praktisch und wirksam. Wir lernen, unsere Gefühle auf angemessene Weise auszudrücken, und begreifen dadurch, was uns entspricht.

Bei dieser Methode handelt es sich um einen Prozeß, der unser gesamtes Wesen umfaßt. Wir genesen und erholen uns von den Schmerzen in unserem Leben und von den Schäden, die unserer Seele zugefügt wurden. Der Prozeß der Heilung führt uns zu Gott, den wir uns in diesem Zusammenhang nicht als strafenden Vater, der über uns zu Gericht sitzt und uns für unsere Missetaten zur Verantwortung zieht, vorstellen dürfen, sondern als Quelle der Energie, aus der das gesamte Universum, die Planeten, die Erde, die Tiere, die Pflanzen und auch die Menschen gemacht sind. Gott ist die Energie, zu der wir uns entwicklen. Wir bilden mit dem Kosmos eine Einheit. Unsere physischen Körper bilden einen Mikrokosmos, der ein Teil des makrokosmischen Universums ist. Meiner Auffassung nach sind wir die Ausläufer einer größeren Bewußtheit, und die Erfahrungen, die wir in der physischen Existenz sammeln, dienen nicht nur der Entwicklung unserer eigenen Gattung, sondern auch der Evolution des Göttlichen. Für den Gebrauch dieser praktischen Anleitung zur Heilung Ihrer Süchte ist es jedoch unwichtig, ob Sie meine Ansichten über Gott und den Aufbau des Universums teilen oder nicht. Sie können diese Methode Ihren eigenen Anschauungen anpassen.

Wenn Sie dieses Buch als ein Werkzeug zur Heilung verwenden wollen, empfiehlt es sich, es zuerst einmal durchzulesen, um sich mit der Materie vertraut zu machen, und es anschließend als Arbeitsbuch zu verwenden. Die leeren Seiten sind für bestimmte Übungen vorgesehen und für manche Übungen ist es günstig, den Text auf Kassette zu sprechen oder sie mit Hilfe eines Partners durchzuführen. Im zweiten Fall empfiehlt es sich, zu Beginn der Arbeit klar und offen zu besprechen, welchen Zweck wir verfolgen. Es ist wichtig, daß sich beide Teilnehmer darüber klar sind, welche Aspekte von gegenseitiger Abhängigkeit bei jeder Sucht auftreten können, und sich fest vornehmen, diese im Laufe des Prozesses zu überwinden. Eine präzise Absprache ist nötig, wie die beiden Partner einander bei ihrer Arbeit unterstützen wollen und welcher Grad von Vertrauen zwischen ihnen herrschen soll, beziehungsweise inwieweit es ihnen wichtig ist, sich auf die Verschwiegenheit ihres Partners verlassen zu können. Mit anderen Worten: Sorgen Sie für sichere Abmachungen, die Sie auch beide einzuhalten gewillt sind. Setzen Sie bestimmte Zeiten für Ihre gemeinsame Arbeit fest, in denen Sie darüber sprechen, was Ihnen wichtig ist und welche Gefühle Sie gegenüber dem Verlauf des Prozesses haben. Machen Sie kein Hehl daraus, wenn Sie zu einem Punkt kommen, wo Sie das Gefühl haben, allein weiterarbeiten zu müssen. Seien Sie ehrlich zueinander!

Dieselben Empfehlungen gelten auch für die Arbeit mit einer

größeren Gruppe. Diese nimmt jedoch mehr Zeit in Anspruch, und für jede Sitzung muß ein Gruppenleiter bestimmt werden. Falls nicht eine oder einer der Teilnehmerinnen bzw. Teilnehmer eine entsprechende Ausbildung hat, kann jede und jeder abwechslungsweise diese Aufgabe übernehmen. Gleichgültig, ob zu zweit oder in einer Gruppe gearbeitet wird, die mit der Leitung betraute Person ist für den Ablauf des Prozesses verantwortlich. Sie liest die Anweisungen, leitet das Gespräch oder die Übungen und behält die Uhr im Auge, so daß sich die anderen Teilnehmer voll ihrer Arbeit widmen können. Es ist darauf zu achten, daß jeder Teilnehmer genügend Zeit hat, um über seine Erfahrungen zu sprechen, und daß die Gruppe in einfacher und direkter Form dazu Stellung nimmt, so daß der Energiefluß gewahrt bleibt.

Es ist ein Unterschied, ob man mit Unterstützung einer Gruppe oder allein arbeitet. Die Gruppenenergie stellt einerseits eine Hilfe dar; andererseits mangelt es manchmal an Ehrlichkeit und Klarheit in einer Gruppe. Es liegt an uns, den geeigneten Weg zu finden; wenn wir ehrlich genug sind, wird es uns nicht schwerfallen, die für uns richtige Variante zu wählen. Entscheidend ist, daß wir das Verlangen haben, an unserer eigenen Heilung zu arbeiten. Das Leben ist ein Abenteuer, und sich selbst zu heilen gehört zu den erstaunlichsten Möglichkeiten, die es uns zu bieten hat. Über das dafür nötige Potential verfügen wir, und während wir uns selbst heilen, tragen wir auch ein wenig zur Heilung der gesamten Welt bei.

Kapitel 1

Definition der Sucht

Um zu verstehen, was Sucht ist und wie sie hier erforscht wird, ist es wahrscheinlich notwendig, daß Sie Ihre alten Gedanken und Ansichten über Sucht aufgeben. Vergessen Sie kurzerhand alles, was Sie über Sucht zu wissen glauben, willigen Sie für kurze Zeit ein, diese Anschauungen beiseite zu lassen und den hier dargelegten Gedanken zu folgen. Legen Sie Ihre üblichen Vorstellungen über sich und über die Gesellschaft und deren soziale Strukturen für eine Weile ab. Wenn Sie das können, werden Sie entdecken, daß Sie ein neues Konzept für den Umgang mit Sucht zu entwickeln beginnen, das zwar im Gegensatz zu Ihren üblichen Konzepten stehen mag, doch könnte das, was dabei herauskommt, Sie überraschen.

Ferner ist es wichtig einzusehen, daß dieses Buch nicht von jemand geschrieben wurde, die sich von all ihren Süchten befreit hat und bereits am Ende dieses Heilungsprozesses steht. (Denn das würde bedeuten, daß diese Person Heiligkeit erlangt hat.) Ich gehe vielmehr davon aus, daß wir uns alle ständig weiterentwickeln und daß dieser Prozeß kein Ende nimmt. Das Prinzip der Sucht gleicht einer Zwiebel: Unter jeder Schicht finden wir eine weitere, mit der es sich zu arbeiten lohnt. Diese Arbeit dauert ein Leben lang, und wir lernen durch sie zu erkennen, daß die Heilung der feineren Schichten genauso wichtig ist wie die der gröberen. Daher mag es zwar sein, daß ich bei einer anderen Schicht angelangt bin als Sie, doch befinde ich mich noch immer auf dem Weg der Selbstheilung. Das gilt auch für die Leute, denen ich bei der Heilung ihrer Süchte geholfen habe: Sie sind keineswegs fertig, doch sind sie bewußter und sensibler und somit auch ›heilbarer‹ geworden.

Sucht ist
– jedes Verhalten oder jeder Gebrauch einer Substanz, die

dazu führt, daß wir uns von unserer wahren Ausdrucksweise entfernen;
- jede Wahl, die uns aus unserem Selbst heraus- und in den Bereich der Zerstreuung und Unterdrückung sowie der Selbstverleugnung hineinführt;
- zu glauben, daß wir keine Möglichkeit zur Wahl haben, daß wir festsitzen und daß wir ›unheilbar‹ sind; daß irgend etwas oder irgendwer unser Leben von außen beeinflußt.

Die grundsätzliche Verleugnung der Sucht ist die Verleugnung von Gefühlen und Emotionen, die Verleugnung dessen, was wir brauchen, um uns ganz bzw. heil zu fühlen. Für manche ist dieses Bedürfnis nach Ganzheit gleichbedeutend mit der Verbindung zu Gott oder zur Quelle, für andere ist es ein Erkennen der eigenen Einmaligkeit und Kraft. Auf dem Weg zur Heilung entdeckt jede oder jeder von uns, wonach sie oder er sich innerlich sehnt, und je mehr wir uns dabei unserem Zentrum nähern, desto klarer wird das Gefühl für die eigenen Bedürfnisse und deren Erfüllung.

Sucht bedeutet, kurz zusammengefaßt, hilf- und kraftlos zu leben; zu glauben, jemand anders sei verantwortlich für das, was uns zustößt. Dieser Glauben an die eigene Ohnmacht wird in jeder Familie und in jeder sozialen Gemeinschaft genährt. Jedesmal, wenn sich jemand bereit erklärt hat, für uns die Kohlen aus dem Feuer zu holen, hat er sein Scherflein dazu beigetragen, uns süchtig zu machen und den Glauben an die eigene Hilflosigkeit zu stärken. Dies ist der Bereich, der von den Strukturen gegenseitiger Abhängigkeit bestimmt wird. Wenn wir süchtig sind, sind wir ständig in Beziehungen verwickelt, die auf diesem Prinzip beruhen. Immer ist jemand da, der gewillt ist, sich um uns zu kümmern, wenn wir ihm als Gegenleistung das geben, wofür er nach seiner Meinung nicht allein sorgen kann. Menschen, die im Grunde ihres Herzens die Überzeugung hegen, daß sie zu einem solchen Austausch nicht fähig sind, suchen Zerstreuungen, um nicht die überwältigende Macht ihrer Hilflosigkeit spüren zu müssen, die den Kern ihrer Erfahrungen bildet.

Wer sich seiner wahren Gefühle nicht bewußt ist oder sich

nicht erlaubt, diese auszudrücken, wird sich wie ein Gefangener vorkommen, der sich in seiner Welt nicht bewegen kann. Dieses Gefangensein erzeugt ein Gefühl des Erstickens und der Ausweglosigkeit. Menschen, die unter dieser Art von Erfahrung leiden, werden unweigerlich zu einem Mittel greifen, das ihnen hilft, diese Gefühle zu beseitigen oder zu verdrängen. Gewöhnlich fällt ihre Wahl dann auf bewußtseinsverändernde Substanzen, oder sie neigen zu extremen Verhaltensformen, oder sie gehen unerfreuliche Beziehungen ein, die niemand sonst akzeptieren würde. Dazu kommt noch, daß die Entscheidungen, die aus einem Gefühl der Hilflosigkeit heraus getroffen werden, zumeist sehr destruktiv sind. Wahrscheinlich glauben wir dann auf dem Weg der Besserung zu sein, doch ist dies bei süchtigem Verhalten kaum der Fall. Wir wollen weniger leiden, ahnen jedoch, daß jedes stärkere Eingehen auf unsere Gefühle mit noch mehr Schmerz verbunden wäre. Deshalb wenden wir uns Dingen zu, von denen wir aus Erfahrung wissen, daß sie uns vor Schmerz bewahren. Wir wollen die Schreie unseres Emotionskörpers nicht hören und die Schmerzen unseres physischen Körpers nicht spüren; deshalb wählen wir den Weg der Verdrängung. Schon beim ersten Anzeichen einer schmerzlichen Erfahrung greifen wir auf bewährte Taktiken zurück, die uns helfen, diese zu vermeiden oder zumindest abzuschwächen. Ob wir Medikamente nehmen oder mit dem bzw. der Nächstbesten schlafen: Wir tun alles, um nur nicht der schmerzhaften Konfrontation mit der eigenen inneren Wahrheit ausgesetzt zu sein.

Der Gedanke, daß wir in einer süchtigen Gesellschaft leben, ist keineswegs neu, doch es wird ihm selten Beachtung geschenkt. (Ein empfehlenswertes Buch zu diesem Thema ist ›Im Zeitalter der Sucht‹ von Anne Wilson-Schaef. Es beleuchtet den sozialen Hintergrund der Süchtigkeit.) Eine süchtige Gesellschaft beeinflußt jeden und jede, und um zu überleben, haben wir gelernt, bei diesem Spiel mitzumachen. Meistens sind wir sehr geschickt im Verdrängen der tatsächlichen Auswirkungen unserer Handlungen.

Weil sie nicht zuviel rauchen oder sich nicht schamlos betrinken, befinden sich viele Leute im irrtümlichen Glauben, nicht süchtig zu sein. Doch jedes Verhalten, das von der Gewohnheit diktiert wird oder nicht kontrolliert werden kann, muß als süchtig bezeichnet werden. Wir haben eine erstaunliche Fähigkeit, uns selbst davon zu überzeugen, daß unsere kleinen Gewohnheiten harmlos sind, und oft versuchen wir unsere Verhaltensmuster zu rechtfertigen, indem wir sie als hilfreich erklären. Ich kenne Frauen, die nur ein bißchen rauchen, um ihr Gewicht zu halten, andere wieder genehmigen sich eine medizinische Dosis Alkohol, um besser einschlafen zu können. Und wer gibt schon zu, sein Leben lieber mit einem Ungeheuer verbringen zu wollen als allein?

Es gibt keine gesunde Sucht!

Als ich mich endlich entschloß, mit dem Rauchen völlig aufzuhören, rauchte ich nicht mehr als ein oder zwei Zigaretten am Tag. Es schien mir mit meinem Weg als Heilerin und Lehrerin nicht vereinbar, mit dieser kleinen Gewohnheit fortzufahren. Deshalb nahm ich mir vor, damit aufzuhören. Zu meinem Erstaunen vervielfachte sich mein Verlangen nach einer Zigarette, und jedesmal, wenn ich versuchte, endgültig damit Schluß zu machen, befiel mich ein unwiderstehliches Verlangen zu rauchen. Damals erkannte ich das Ausmaß der Sucht, das hinter meiner harmlosen kleinen Angewohnheit steckte, und ich begann mich nach Hilfe umzuschauen und das Programm zu entwerfen, das die Grundlage für dieses Buch bildet.

Je mehr ich forschte und je mehr sich meine Absicht, das Rauchen aufzugeben, verstärkte, desto interessantere Dinge entdeckte ich über meine Sucht. Den Anfang bildete ein Besuch bei meinem Hausarzt, der eine Klinik leitet für Leute, die aufhören wollen zu rauchen. Schon seit Jahren hatte er versucht, mich zur Teilnahme an einem Antiraucherprogramm zu bewegen, doch ich hatte stets mit der Begründung abgelehnt, erstens keine Hilfe zu brauchen, zweitens nicht süchtig zu sein und drittens jederzeit selbst aufhören zu können.

Bei unserem ersten Gruppentreffen sagte unser Doktor, daß wir den ersten und wichtigsten Schritt bereits getan hätten, indem wir unser gutes Geld eingezahlt hätten und zur ersten Stunde gekommen seien. Jetzt brauchten wir nur noch von tiefstem Herzen der Überzeugung Ausdruck zu verleihen, nicht mehr zu rauchen. Ich hielt Einkehr in meinem Innern, denn ich war mir sicher, genau zu fühlen, was gut für mich sei. Als ich jedoch mit geschlossenen Augen versuchte, tief in meinem Inneren diese Überzeugung zu spüren, mußte ich erschrocken feststellen, daß nichts passierte. Weder ein Gefühl der Selbstliebe noch Worte der Überzeugung stiegen in mir auf. Nichts regte sich in meinem Herzen. Dieses Herz hatte in der Tat keine blasse Ahnung davon, wie es diesen ›Herzenswunsch‹ formulieren sollte. So schockierend dies auch scheinen mochte, es blieb mir nichts anderes übrig, als der Gruppe die Wahrheit zu sagen, als die Reihe an mich kam. Es war um so schlimmer, weil ich bei der Vorstellung erklärt hatte, mein Wunsch, das Rauchen aufzugeben, entspringe dem Verlangen, bewußter zu leben und ein untadeliges Verhalten an den Tag zu legen. Und jetzt saß ich da und war unfähig, diese Überzeugung zu fühlen! Dieses Lehrstück veranlaßte mich, ernsthaft nachzuforschen, ob es noch andere Dinge gab, die ich tief in meinem Herzen nicht spüren konnte. Dies war ein Hinweis, daß ich mich selbst betrogen hatte und ich wunderte mich, was mit meinem Herzen passiert war. Den Schlüssel für meine Nachforschungen lieferte mir das Rauchen, und schließlich erinnerte ich mich, daß ich wieder damit begonnen hatte, als eine sehr starke und ernste Beziehung in die Brüche gegangen war. Ich hatte mein Herz zugemacht, jeden Tag ein bißchen mehr, gerade genug, um den Schmerz nicht einzulassen, der zu groß war, um verkraftet zu werden, aber zu klein, um heftig auf sich aufmerksam zu machen. Verdrängung war zu meinem wichtigsten Verbündeten geworden. Somit bot sich mir jetzt die Gelegenheit, nicht nur meine Nikotinsucht zu heilen, sondern auch das gebrochene Herz, das ich so lange zu ignorieren versucht hatte. Sucht kann man als das Weggeben der eigenen Kraft und Fähigkeiten an etwas Außenstehendes definieren. Dies kann in keiner Weise als gesunder Prozeß angesehen werden.

Menschen, die süchtig sind, haben fortwährend zu kämpfen und sind nie sicher, wer oder was ihr Leben und ihre Wirklichkeit kontrolliert. ›Kontrolle‹ wird für sie zu einem Hauptproblem. Entweder sie haben die Dinge ›unter Kontrolle‹, oder sie sind ›außer Kontrolle‹ geraten. Im ersten Fall müssen sie um die Aufrechterhaltung dieses Zustandes kämpfen, im zweiten Fall um ihr Überleben.

Auch um das Zulassen echter Gefühle ist es bei Süchtigen schlecht bestellt. Sie empfinden vielmehr ständig das Bedürfnis, sich von ihren Gefühlen zu entfernen. Um ihre wahren Gefühle zu verleugnen, adoptieren sie gewöhnlich eine Art von Ersatzgefühl als Deckmantel. Dies kann sich beispielsweise dadurch äußern, daß sie vorgeben, sich großartig zu fühlen, auch wenn es ihnen in Wirklichkeit schlecht geht, oder indem sie immer dieselben Emotionen zum Ausdruck bringen. Gleichgültig, was passiert, die Reaktion ist immer die gleiche – Ungläubigkeit. Es ist, als ob ihre Gefühle ›steckengeblieben‹ wären. Die Situation scheint ausweglos zu sein. Süchtige Persönlichkeiten sehen oft von einer Möglichkeit nur die Schattenseite und sind überzeugt, daß die wunderbare Lösung bei ihnen nicht funktionieren würde. Sie schaffen sich eine Wirklichkeit, die der Verleugnung ihrer Gefühle entspricht, und unterstützen damit ihre Überzeugung, daß sie unfähig, zu zerstreut oder zu sehr ›in den Wolken‹ sind, um sich erfolgreich um ihre eigenen Belange kümmern zu können.

Tief in ihrem Inneren glauben süchtige Persönlichkeiten oft fest daran, daß für sie nicht genug da sei, daß sie nie genug Liebe oder Zeit oder Geld bekommen würden. Das Gefühl, daß nicht genug da sei, ist ein Zeichen innerer Unvollkommenheit. Es ist ein Signal des inneren Hungers und ein gutes Werkzeug, das wir bei der Heilung verwenden können. ›Nicht genug‹ kann sich auf alles beziehen, und sobald wir erkennen, daß es ein Signal ist, können wir es in seiner ganzen Tiefe zu erforschen beginnen. Immer wenn ich es höre, frage ich mich, welcher Teil von mir etwas braucht, und mache mich auf die Suche nach diesem Teil. Als ich mich noch nicht mit der Heilung meiner Süchte befaßte, fühlte ich oft die Leere, die dieses ›nicht genug‹ erzeugt. Es konnte jedes Abenteuer und jedes Fest verderben. Es war ein Dämon, und ich glaubte, das sei ich.

Im Grunde weisen wir alle süchtige Verhaltensmuster und Gewohnheiten auf. Alles kann zur Sucht werden. Warum sollten wir uns also ändern? Die offensichtlichen Gründe, warum wir versuchen sollten, unsere Süchte zu heilen, sind

Gesundheit, Zufriedenheit und Wohlstand, und es gibt noch einige bedeutende Gründe, die wir in diesem Buch erforschen werden.

Suchtbedingte Grundansichten

Süchtiges Verhalten bedingt oft Grundansichten, die unwahr sind, an denen wir aber festhalten, um uns nicht ändern zu müssen. Wir belügen damit sowohl uns selbst als auch unsere Mitmenschen. Diese Ansichten sind zugleich ein Teil des Gewebes, das unsere Süchte festhält.

Einige dieser Ansichten lauten:
Ich habe keine Gefühle.
Ich will keine Gefühle haben.
Das Leben ist eine fortwährende Last.
Ich habe alles ›unter Kontrolle‹.
Niemand hat alles ›unter Kontrolle‹.
Ich muß alles selber machen.
Jemand wird für mich sorgen.
Mit mir stimmt etwas nicht.
Mit den anderen stimmt etwas nicht.

Jede dieser Ansichten birgt in sich die Verneinung der eigenen Kraft und der Verbindung zu einer Quelle, die sicher und beständig ist. Wir vergessen, daß jede und jeder von uns über eine Energiequelle verfügt, die es ermöglicht, zu sein und zu tun, was sie oder er für nötig hält in dieser Welt. Diese Energiequelle ist allmächtig, allwissend, allgegenwärtig, allbarmherzig und im Prinzip für uns alle jederzeit erreichbar – es ist das göttliche innere Selbst. Durch unsere Entscheidung, uns von unseren Süchten zu heilen, verstärkt sich automatisch der Zugang zu diesem Aspekt unseres Wesens. Wir erschließen uns die Fülle unserer Möglichkeiten.

Im Laufe dieses Prozesses werden wir die Lügen verlernen und beginnen, instinktiv nach der Wahrheit zu suchen. Diese Lügen haben ihren Ursprung schon sehr früh in unserem

Leben, und wir werden nun versuchen, zu ihren Wurzeln vorzudringen.

Der Ursprung der Sucht

Im Säuglings- und Kleinkinderalter sind unsere Wünsche sehr
einfach. Wir sehnen uns nach Geborgenheit, und unser Körper
möchte sich wohl fühlen. Wir haben ein starkes Bedürfnis nach
Liebe und Anerkennung, einen starken Freiheitsdrang und sehr
wenig Angst, wenn wir wirklich gesund sind. Alle neuen Dinge
erregen unsere Neugier, und alle Menschen sind neue Welten,
die erforscht werden müssen. In einer sicheren Umgebung, die
uns Liebe, Nahrung und einen warmen Platz zum Schlafen bietet, entwickeln wir ein gesundes Nervensystem. Wenn diese
Umgebung jedoch von Menschen geprägt ist, die süchtig sind,
dann lernen wir schon sehr früh, daß es immer einen Weg gibt,
um äußere Einflüsse abzuschwächen, sei es durch unser eigenes
Verhalten oder sei es durch den Gebrauch von bewußtseinsverändernden Substanzen. *Entweder ändern wir uns selbst, oder
wir ändern unsere Wahrnehmung der Wirklichkeit.* Diese bewußte, oft auf Drogen beruhende Veränderung der Wirklichkeit ist in unserer Kultur bereits so weit verbreitet, daß sie in
den meisten Kreisen nicht einmal mehr als ungewöhnlich betrachtet wird. Doch immer wenn wir diese Veränderung unserer Wahrnehmung herbeiführen,verneinen wir die Wahrheit,
und dies wirkt sich auf unser Bewußtsein und auf unser Nervensystem aus.
  Nach 1940 setzte eine Tendenz ein, die eines der natürlich-
sten Ereignisse im menschlichen Leben zu verändern begann,
nämlich die Geburt eines Kindes und die damit verbundenen
Empfindungen und Erfahrungen. Die Ärzte und Hebammen
machten es sich zur Praxis, den Müttern, bei denen die Wehen
eingesetzt hatten, einige der neuen Wundermittel zu verabreichen, um die mit dem Geburtsvorgang verbundenen Schmerzen zu lindern. Bis zu dieser Zeit hatten die Frauen zumeist zu
Hause mit Hilfe der Hebamme oder des Hausarztes entbun-
den. Nun ist eine natürliche und ohne Komplikationen verlau-

fende Geburt weder für die Mutter noch für das Baby mit unerträglichen Qualen verbunden. Die lebensspendenden Systeme, die sich die Natur ausdenkt, sind nicht dazu bestimmt, ihren Kindern Qual und Pein zu bereiten. Doch um die neu geschaffenen Entbindungsstationen an den Kliniken zu füllen, erzählte man den Müttern, jede Geburt sei ein schmerzvoller und höchst gefährlicher Vorgang und erfordere daher den Aufenthalt in einer Klinik sowie die Aufsicht eines Arztes, der die nötigen schmerzstillenden Medikamente jederzeit verabreichen könne. Auf diese Weise bekam bereits das Baby im Leib einer solchen Mutter deren wachsende Angst zu spüren, die sich mit dem Heranrücken des Geburtstermins immer mehr steigerte. Voller Angst suchte die junge Frau, die noch keine Kinder geboren hatte, schließlich die Klinik auf, um sich an das dortige Personal auszuliefern. Meistens war sie so verkrampft, daß sie bei jeder Kontraktion des Uterus ihre Muskeln noch mehr anspannte, anstatt nachzugeben und den Atem durch sich hindurchfließen zu lassen. Diese Verkrampfung ließ die Wehen zu einer Qual für sie werden, so daß sie schließlich um ein schmerzstillendes Mittel bat. Auf diese Weise wurde der natürliche Vorgang der Geburt zu einer leidvollen Erfahrung. Der Fötus aber erlebte die Geburt nicht als eine kraftvolle und natürliche Bewegung, die von einer starken Mutter kontrolliert wurde, sondern als einen Lebensabschnitt, der von großer Angst erfüllt war. Die nächste Prägung, die das Kind im Mutterleib erhielt, war das Verbot, Angst zu zeigen. Angst oder Unbehagen zu empfinden war falsch und daher zu vermeiden, so lautete die unausgesprochene Botschaft an den Fötus.

Die physische Botschaft wurde durch den Blutkreislauf der Mutter über die Plazenta an den Blutkreislauf des Kindes weitergeleitet. Gab man ihr ein Betäubungsmittel oder ein starkes schmerzstillendes Medikament, so erhielt es auch der Fötus. Bis zur Besinnungslosigkeit vollgepumpt mit Medikamenten, so betraten wir diese Welt. Die warmen Arme der Mutter, die unsere kleinen Körper und Gehirne erwarteten, waren nicht da. Die natürliche Massage, die der Geburtsvorgang sein sollte, fehlte. So wird bereits bei der Geburt der natürliche Rhythmus des Kindes unterbunden oder verfälscht, und viele Erfahrungen, die es bei seinem Eintritt ins Erdenleben sammeln sollte, finden nicht statt. Stunden später erwacht es in einem Gehäuse aus Plexiglas, seine Angst und sein Entsetzen sind grenzenlos, und die Mutter, die es schließlich in die Arme gelegt bekommt, ist oft selbst noch verwirrt und deprimiert. Die natürliche Bindung, die normalerweise zwischen Mutter und Kind entsteht, wird verhindert, und das Kind empfängt statt dessen die Prägung, daß Drogen ein Teil des Lebens sind, daß das Leben sich darum dreht, Gefühle durch Drogen zu unterdrücken, und daß jede Art von Schmerz oder Unbehagen durch den Gebrauch entsprechender Mittel auszuschalten ist.

Dieses Szenario bildet die Basis für unsere süchtige Gesellschaft. Viele der Menschen, die jetzt leben, wurden in den ersten Stunden ihres Lebens von ähnlichen Erfahrungen geprägt. Man lehrte uns, dieses schmerzvolle Leben zu fürchten. Welche Botschaft!

Kein Wunder, daß unsere Nervensysteme die Flucht vor der Wirklichkeit antraten und daß die Sucht unsere Kultur beherrscht. Die Mütter fahren fort, Valium zu nehmen, um mit den Problemen des täglichen Lebens fertig zu werden, und die Väter spülen ihre Sorgen mit Bier oder Wein hinunter, wenn sie am Abend nach Hause kommen. Dieser Prozeß hat sich ausgeweitet und zu einer Geisteshaltung geführt, in der alles zur Sucht werden kann.

Süchtiges Verhalten wird auch noch auf andere Weise gefördert. Viele Medikamente sind frei im Handel erhältlich, und so wird der Griff zur Pille zur Gewohnheit. Jeder Schmerz, sei er physisch oder psychisch, wird in seinem Ansatz erstickt. Auch die Sucht nach dem Doktor, der alles heilen kann, gehört hierher. Viele Leute halten Arzt und Ärzte für eine Art Zauberer, der sie mit einer Pille wieder ins Lot bringen und ihre Schmerzen wegzaubern kann. Selten werden Patienten aufgefordert, über ihre Gefühle oder Emotionen zu sprechen, weil der Arzt ohnehin nur wenige Minuten Zeit hat für sie. Nachdem er sich kurz ihre Symptome angehört und sie vielleicht sogar körperlich untersucht hat, werden sie mit einem Rezept für eine Wunderdroge, die ihre Krankheit beheben soll, in die nächste Apotheke geschickt. Nebenwirkungen oder Komplikationen, die sich durch die Einnahme des einen Medikamentes ergeben, können oft nur durch ein anderes Mittel ausgeglichen werden, und so beginnt ein Teufelskreis.

In unserer Gesellschaft herrscht auch die Sucht nach dem Skalpell. Mein Sohn war erst zwei Jahre alt, als sein Arzt von einer Mandelentfernung zu sprechen begann. Jahrelang wurde diese Operation selbst bei Kleinkindern praktiziert, wenn sich deren Mandeln zwei- oder dreimal entzündet hatten. Einerseits steckt dahinter die Einstellung, daß das Skalpell sämtliche Probleme auf der Welt lösen könne, und andererseits scheinen die Ärzte von der Macht ihrer eigenen Hand, die das Skalpell führt, berauscht zu sein und nicht zuletzt auch von der Macht des Geldes, das sich damit verdienen läßt. Daher raten sie oft selbst dann zu einer Operation, wenn diese durch alternative Methoden zu umgehen wäre. Die Patienten selbst aber sind süchtig nach rascher Hilfe von außen. Sie überlassen alle Verantwortung für ihre Heilung dem Arzt, und dieser behandelt sie wie unmündige Kinder. Sie müssen sich seinen Anordnungen fügen, und ihr eigenes inneres Wissen kommt nicht mehr zum Tragen. Dieser Verzicht auf die Macht zur Selbstheilung grassiert in unserer Gesellschaft. Wir lassen uns lieber führen, anstatt aus unserem Zentrum heraus zu handeln. Jeder Heilungsprozeß braucht Zeit und bewirkt auch eine Veränderung in unserem Inneren. Wir sind irrtümlich dem Glauben verfallen, daß jede Krankheit und jedes Übel ohne eigene Anstrengung zum Verschwinden gebracht werden könne. Wir nehmen einfach an, daß die richtige Pille oder Behandlung genüge, um unser Problem zu beseitigen.

Unsere Sucht beschränkt sich aber nicht nur auf Medikamente und Ärzte, sondern auch auf den Zweifel an der eigenen Heilfähigkeit. Wir fürchten, daß wir unfähig sind, selbst für unser gesundheitliches Wohl zu sorgen, und haben uns aus diesem Grund Götter in Weiß geschaffen, von denen wir glauben, daß sie die einzigen seien, die uns heilen könnten. Das ist ein sehr gefährlicher Glaube, denn er nährt viele ähnliche Denkstrukturen, die uns lähmen und an eigenen Schritten hindern. Die zuweilen anzutreffende Macht und Geldgier einiger Ärzte und Arzneimittelhersteller sorgt dafür, daß wir in diesem Glauben bestärkt werden. Eine Sucht nährt die andere. Wie können wir uns davon lösen? Sind wir überhaupt bereit einzusehen, daß wir die eigene Heilkraft in die Hände anderer gelegt haben? Wir können und müssen uns lösen, wenn wir zu unserer eigenen Heilkraft zurückfinden wollen. Wenn wir uns entschließen, an der Heilung unserer Süchte zu arbeiten, müssen wir damit aufhören, unsere Möglichkeiten an andere zu delegieren. Wir müssen das Bedürfnis, ›repariert‹ zu werden, überwinden und lernen, uns dem Prozeß des Lebens zu überlassen, dessen Verlauf manchmal schwierig und manchmal leicht ist, der seine Höhen und Tiefen hat. Bei jedem Menschen verläuft dieser Prozeß unterschiedlich, doch wir haben alle die Möglichkeit, uns für die Höhen statt für die Tiefen zu entscheiden, Gesundheit anstelle von Krankheit zu wählen. Dann können wir anfangen, eine andere Art der Behandlung zu fordern; nicht nur von der Ärzteschaft und dem Krankenpersonal, sondern auch von den Versicherungsgesellschaften.

Für eine Veränderung in diesem Sinne sorgte zum Beispiel die vor einigen Jahren einsetzende Tendenz zur Hausgeburt. Sie bewirkte, daß auch die Frauen, die sich für eine Entbindung in einer Klinik entschieden hatten, nicht mehr gewillt waren, ihre passive Rolle beizubehalten, sondern forderten, aktiv am Geburtsvorgang teilzunehmen. Sie bestanden auf der Anwesenheit ihres Mannes und verlangten, daß der natürliche Ablauf der Geburt nicht durch Medikamente beeinflußt werden dürfe, es sei denn, es bestünde Lebensgefahr. Diesen Frauen war es zu verdanken, daß es an manchen Krankenhäusern zu einschneidenden Veränderungen kam und daß Räume bereitgestellt wurden, in denen es möglich war, auf natürliche Weise Kinder zu gebären. Diese Veränderungen wurden von Frauen bewirkt, die bereit waren, für sich und ihre Kinder die Verantwortung zu übernehmen, und die dafür sorgten, daß die Geburt wieder als etwas Natürliches betrachtet wurde. Diese Art der Veränderung muß auch auf anderen Gebieten einsetzen, dann wird es uns gelingen, Pillen- und Skalpellsucht zu überwinden. Wir sind fähig, uns selbst zu heilen. Wir besitzen die Kraft und das Wissen dazu tief in unserem Inneren. Es darf uns nur der Wille nicht fehlen, sie zu entdecken und anzuwenden.

Es gibt noch andere Formen von Sucht, denen wir uns jetzt zuwenden wollen. Zwar sind sie nicht von solcher Bedeutung wie die Süchte, die im Zusammenhang mit unserer Gesundheit stehen, doch auch sie untergraben unsere Kraft und unterhöhlen unsere Gesellschaft. Was unsere Lebenskraft auslaugt, trägt zu unserem Untergang bei. Jedes Verhalten, das zur Sucht wird, entzieht uns Kraft. Es schwächt unsere Lebenskraft dermaßen, als ob sie im Boden versickern würden. Süchtige Verhaltensweisen und Gewohnheiten zehren unsere Vitalität auf, statt daß wir sie zur Schaffung eines erfüllten und gesunden Lebens benutzen könnten. Wir sind gezwungen, mit der Hälfte der Energie, die uns eigentlich zur Verfügung stehen würde, zu leben, weil wir die andere Hälfte unserer Sucht geopfert haben. Bei einem Großteil der Menschheit ist die Lebenskraft auf ein Drittel der eigentlichen Kapazität gedrosselt. Obwohl sich in jüngster Zeit immer mehr Menschen für gesündere Ernährung und Körpertraining zu interessieren beginnen, untergraben unsere Gewohnheiten und Einstellungen unsere Lebenskraft dermaßen, daß sie uns fast umbringen.

Manche Menschen sind redesüchtig. Auch das Reden kann ein Weg sein, sich der Erfahrung im Hier und Jetzt zu entziehen. Egozentriker reden zuviel. Sie versuchen, ihre Wirklichkeit und ihre Umgebung zu kontrollieren, indem sie alles, was sie denken oder fühlen, verbal beschreiben. Außerdem können sie ihren Redeschwall benutzen, um ihre Mitmenschen zu Gefangenen ihrer Worte zu machen. Reden kann eine Art von Manipulation sein, mit deren Hilfe wir versuchen, Zeit und Gedanken anderer zu besetzen. Egozentrische Menschen bilden sich ein, daß ihre Gedanken die wichtigsten sind. Ferner glauben sie, alle Energien auf sich ziehen zu müssen, damit die Welt so ist, wie sie sie haben wollen. Oft ist jedoch die Redesucht ein Hinweis darauf, daß jemand Angst hat, allein zu sein oder selbständig zu denken. Daher versucht man ständig, irgend jemand in das eigene mentale Drama zu verwickeln. Geschwätzige Leute können ihre Sucht aber auch zur Unterdrückung ihrer Minderwertigkeitsgefühle benutzen und dadurch vermeiden, sich mit diesen auseinanderzusetzen. Ständig Zuhörer zu haben vermittelt ihnen das Gefühl, daß ihre Ideen und somit auch sie selbst von Bedeutung seien. Viel zu reden, ohne etwas zu sagen, ist zu einer Art ›Antikommunikation‹ geworden, die allerseits akzeptiert wird. Wir füllen damit die Zeit aus, die wir gemeinsam mit unseren Freunden und Bekannten verbringen, und wenn wir dann wieder auseinandergehen, sind unsere leeren Herzen noch leerer geworden. Daher ist es eine gute Praxis, wenn wir uns beim Reden selbst zuhören und uns, noch bevor wir anfangen, genau überlegen, was wir den anderen mitteilen wollen, um notfalls darauf zu verzichten, falls wir eigentlich nichts zu sagen haben. Diese Praxis kann uns in das Labyrinth der mentalen Prozesse hineinführen, denn auch hier regiert so manche Sucht.

Wenn wir erst einmal begonnen haben, auch auf das zu hören, was wir *nicht* sagen, eröffnet sich uns die Möglichkeit, wahrzunehmen, daß viele der Klänge, mit denen wir uns umgeben, nicht sehr nutzbringend sind. Ist die Musik, mit der Sie sich aus Gewohnheit jeden Morgen berieseln lassen, tatsächlich ein Labsal für Ihr Nervensystem? Sind die Texte, deren unterschwellige Botschaften in Ihr Ohr dringen, so geartet, daß es Sie nicht stört, wenn sie Ihnen im Kopf herumspuken? Oder reißt die Musik, die Sie so achtlos anstellen, an Ihren Nerven, von den Texten ganz zu schweigen? »Baby, ohne dich muß ich sterben« dürfte vielleicht nicht zu den Einstellungen gehören, die wir uns bewußt als Mantra (religiöse Sprechformel) wählen würden. »Ohne deine Liebe kann ich nicht leben« könnte unsere Tendenz zu Beziehungen, die auf gegenseitiger Abhängigkeit beruhen, noch verstärken. »Ich will nur dich« − damit verleugnen wir uns selbst zugunsten der emotionalen Sicherheit eines anderen Menschen. Wenn wir uns bewußt werden, welche Musik und welche Liedtexte wir täglich auf uns einwirken lassen, werden wir feststellen, daß die gesamte Gesellschaftsstruktur auf der Förderung süchtiger Verhaltensweisen aufgebaut ist.

Kürzlich war ich auf einer Schulveranstaltung, bei der unter anderem auch eine Tanzvorführung von zwanzig kleinen Mädchen − zwischen fünf und zwölf Jahren alt − stattfand. Die Mädchen trugen Kostüme, die bei Frauen des entsprechenden Alters sehr sexy gewirkt hätten, und sie tanzten und sangen dazu »I wanna be your midnight lover«. Mir ist bis heute nicht klar, welche spezifische Abwandlung unserer kulturellen Werte hier hätte dargestellt werden sollen. Am meisten schockiert hat mich jedoch die Tatsache, daß niemand außer mir sich darüber Gedanken zu machen schien. Diese Tanzeinlage bekam den größten Applaus! Es schien mir, als sollten diese jungen Mädchen so programmiert werden, daß sie einmal die Zahl der in sexueller Abhängigkeit lebenden Frauen erhöhen würden. Was hier in der Schule unserer Stadt vorgeführt wurde, grenzte an Kinderpornographie und fand unter den Augen der Eltern jener Mädchen statt, die alle im Publikum saßen.

Essen, Trinken, Liebesbeziehungen, Sport, Arbeit – heutzutage beinhaltet alles ein süchtigmachendes Potential. Wir sind an einem bestimmten Punkt der Evolution der Erde und der Menschheit angelangt und haben eine Menge emotionales Gepäck mitgeschleppt. Dieses Gepäck lastet auf uns und erschwert den Fortschritt jeder und jedes einzelnen sowie der gesamten Gesellschaft. Diese ungeheure Last an emotionalem Gewicht, die wir mit uns herumtragen und unter der wir leiden, hat bewirkt, daß wir süchtige Verhaltensweisen angenommen haben, um sie nicht mehr spüren zu müssen. Daß wir uns dessen jetzt bewußt werden, beruht auf der Beschleunigung der energetischen Schwingung des gesamten Planeten, die sich zur Zeit vollzieht. Wir und die Erde sind dabei, die nächste Evolutionsstufe zu erklimmen, und wir können die Bürde der Sucht nicht mitnehmen. Unser schwerfälliges Denken hat uns ohnehin an den Rand des Abgrunds gebracht, und so ist es kein Zufall, daß wir jetzt bemerken, was wir mit unserer Umwelt angestellt und welche Schäden wir selbst davongetragen haben. Und wenn wir uns unsere eigenen Schäden ansehen, wird uns als erstes unser süchtiges Verhalten auffallen, das sich von der Sucht nach Sicherheit bis zur Sucht nach Heroin erstreckt.

Die Sprache in diesem Buch klingt oft aus dem Grund sehr kategorisch, weil unsere ganze Gesellschaft von Sucht durchdrungen ist. Hier geht es nicht bloß um einen mentalen Dialog, sondern vor allem um die Arbeit auf der emotionalen Ebene, die zu einem multidimensionalen Prozeß führen soll, so daß auf die Einhaltung irgendwelcher akademischer Richtlinien oder psychologischer Konventionen verzichtet wurde. Im allgemeinen wollen wir starke, absolute Aussagen einfach nicht hören; besonders wenn sie Probleme betreffen, die von großer Bedeutung für unsere Entwicklung sind. Natürlich kann man einwenden, nichts sei hundertprozentig; das Thema Sucht kommt jedoch sehr nahe an diese Grenze.

Vor der Erlernung der Heiltechnik müssen wir verstehen lernen, wie unser innerer Hunger gespeist wird und wie wir unsere Süchte auf allen Ebenen erkennen können.

Speisung des inneren Hungers

Nachdem wir erkannt haben, daß zumindest einige unserer Süchte bereits im Mutterleib entstanden sind, wollen wir uns nun anderen Entstehungsarten zuwenden. Innerer Hunger kann sich auf vielerlei Weise bilden; manchmal werden wir mit diesem Verlangen wiedergeboren. Wir bringen es im Skript unserer Seele aus einem anderen Leben mit, und so ist es auch in diesem Leben ein Teil des Seelenpfades. Ein andermal erschaffen wir es erst im Laufe unseres Lebens, doch in jedem Fall handelt es sich um einen seelischen Lernprozeß, und das Rad des Karma dreht sich immer so, wie wir es im Augenblick brauchen. Doch nicht das zeitliche Moment ist für den Beginn der Sucht ausschlaggebend, sondern das emotionale. Irgendwann im Verlauf des Prozesses, durch den wir von unserem Körper Besitz ergriffen haben, ist eine Störung aufgetreten, durch die wir ein starkes Gefühl der Leere oder eines schweren Mangels empfunden haben. Vielleicht wurde er durch die Art und Weise, wie unsere Eltern uns behandelten (und vermutlich selbst behandelt worden sind), hervorgerufen, vielleicht entstand er, weil wir mit den anderen Kindern oder mit dem Lehrer in der Schule Schwierigkeiten hatten. Auch ein Mißverständnis innerhalb unserer religiösen Erziehung könnte schuld daran gewesen sein, wenn uns zu oft gesagt wurde, daß unsere natürlichen Triebe und Emotionen schlecht seien. Aller Wahrscheinlichkeit nach nahm es seinen Ausgang in den unbewußten Bereichen, zu denen unsere Logik keinen Zugang hat –

doch auch dies ist keine Entschuldigung, süchtig zu *bleiben*. Oft flüchten wir uns in Phrasen wie »Nun, ich kann es leider nicht ändern« oder »Ich wünschte, ich könnte aufhören, aber aus diesen und diesen Gründen kann ich nicht«. Die Feststellung des genauen Zeitpunkts oder Umstands, an dem unsere Sucht begann, ist nicht so wichtig; diese Beispiele sollen vielmehr zeigen, wie subtil diese Anfänge sein können.

Sucht ist eine Energie, die sich selbst an dem kleinsten Stück Emotionsmaterial festhaken kann, um sich daraus eine Wohnstatt zu machen. Wenn sie sich einmal in uns niedergelassen hat, beginnen wir eine unglaubliche Leere zu spüren, die nach Auffüllung schreit. Wir lernen, mehr Nahrung zu fordern, selbst wenn wir satt sind, oder mehr Schlaf, selbst wenn wir ausgeruht sind. Wir bleiben vor dem Fernsehgerät sitzen, um uns mit den Bildern und dem oft geistlosen Geschwätz zu betäuben. Auch die Fast-food-Restaurants sind eine Antwort auf die Süchte, die wir alle in uns tragen. Sie fördern unseren inneren Hunger, indem sie uns die Möglichkeit bieten, schnell unseren Zucker-, Salz- oder Fleischbedarf aufzufüllen, ohne unserem Körper wirklich wertvolle Nahrung zuzuführen. Je mehr wir von dieser Art Nahrung zu uns nehmen, desto hungriger werden wir. Fast-food fördert die Eßsucht, eine Sucht, die zur Verleugnung des Körpers und der Gefühle führt, und zwar in einem unvorstellbaren Ausmaß. Welcher Art von Selbstverleugnung bedarf es, damit ein Mensch fünfzig oder hundert zusätzliche Pfunde mit sich herumschleppt? Meistens hassen solche Menschen ihren Körper, und dennoch treibt ihre Sucht sie dazu, immer mehr zu essen − besonders wenn sie niedergeschlagen sind.

In vielen westlichen Kulturen wird das Streben nach Sicherheit zur Sucht. Die Menschen opfern ihre persönliche Freiheit für das Gefühl, ein sicheres und geordnetes Leben zu haben. Das geht beispielsweise in Deutschland sogar so weit, daß dem Staat das Recht eingeräumt wurde, zu bestimmen, welche Typen von Telefonanrufbeantwortern verwendet werden dürfen und welche nicht, nur um das sichere Funktionieren des Telefonsystems nicht zu gefährden. Es besteht sowohl ein sozialer als auch ein persönlicher Bedarf nach Sicherheit. In anderen europäischen Ländern steht das Streben nach Integration in die soziale Struktur im Vordergrund, das bewirkt, daß die Menschen nach Normen suchen und sicheren und erprobten Methoden den Vorzug geben.

Diese Sucht hat die Macht jener Institutionen vermehrt, denen die medizinische Versorgung obliegt. Wir sind von Medikamenten und der Zauberkunst der Ärzte abhängig sowie von den Versicherungsgesellschaften, die dafür bürgen, daß wir diese Dinge auch bezahlen können. Die meisten Leute können nicht einmal dann in den Ruhestand treten, wenn ihnen danach zumute ist, weil sie dadurch jede soziale Sicherheit verlieren würden und eine private Versicherung ihnen zu teuer erscheint. Angst erzeugt Sucht! Wie anders würde das Leben dieser Menschen ausschauen, wenn sie fähig wären, in sich selbst die Stärke zu finden, ihre Angst zu heilen, um auf diese Weise dem Körper die Möglichkeit zu geben, gesund genug zu werden, um ohne das Netz sozialer Sicherheiten, das unsere moderne Gesellschaft geschaffen hat, leben zu können.

Doch der Grad an Normalität, Ordnung und externer Kontrolle, der hier herrscht, macht uns zutiefst süchtig. Wir beziehen unser Selbstwertgefühl aus der Identifikation mit der sozialen Rolle und aus der Stellung, die wir in der Gesellschaftsstruktur einnehmen. Das ist das alte Paradigma, in dem wir unsere Sicherheit von unserer Aufgabe innerhalb der Gesellschaft ableiteten, der oft nicht nur unsere persönliche Freiheit, sondern auch unsere Gesundheit zum Opfer fiel. Wir haben das Potential unserer Selbstheilungskräfte dem Bedürfnis nach Sicherheit geopfert. Auf der Suche nach einer Gesellschaft, die uns ernährt, kleidet und einsperrt, haben wir die eigene Kraft verloren. Wo ist unsere persönliche Freiheit geblieben? Was würde mit unserer Welt geschehen, wenn es ihren Bürgern in den Sinn käme, daß sie eine staatliche Bevormundung in diesem Ausmaß nicht brauchen? Wie könnten sie diese Sucht überwinden? Was könnte ihnen überhaupt einen solchen Wunsch nahebringen? Es bleibt zu hoffen, daß ein wachsendes Verständnis für diese Zusammenhänge zur Distanzierung von jeder Art von Süchtigkeit führen wird. Nur die Besinnung auf die eigene Kraft könnte bewirken, daß die herrschenden Sicherheitsstrukturen gelockert und durch Strukturen ersetzt werden, die auf persönlicher Freiheit beruhen und jene Sicherheit schaffen, die entsteht, wenn alle das bekommen, was sie sich wirklich wünschen und brauchen. Die Freiheit, von der hier die Rede ist, fördert das Entstehen einer Verantwortlichkeit, die vom Zähneputzen bis zur eigenen Heilung reicht und noch weiter — bis zur Heilung des gesamten Planeten. Es ist eine Freiheit, die aus der tiefen Verbindung zur Quelle des Lebens, unserem Sinn für das Göttliche, entspringt.

Hoffentlich erkennen die Menschen, daß sie nicht weiterhin in der Enge der eigenen vier Wände ausharren können, ohne sich um den Rest der Welt zu scheren. Die Evolution der Erde und der Menschheit erfordert die Abkehr von jeder Sucht, selbst wenn es die Sucht nach Ordnung und Sauberkeit ist. Jede unbewußte Tätigkeit ist Nahrung für süchtiges Verhalten. Solange diese Süchte bestehen, werden wir — wenn überhaupt — nur sehr langsam vorwärtskommen und damit nicht nur die menschliche Evolution in Frage stellen, sondern auch die Heilung des Planeten, der uns Nahrung und Wohnstatt bietet.

Entziehungsprogramme und ihre Grenzen

Die meisten Antisuchtprogramme weisen eine stark begrenzte Wirkung auf. Manche lehren, man müsse den Teufel durch bloße Willenskraft besiegen, andere wenden komplizierte Systeme an, die der Ablenkung dienen, oder versuchen, ein schädliches Verhalten durch ein harmloseres zu ersetzen. Es gibt Programme, die der süchtigen Person erlauben, die Verantwortung für die Heilung abzugeben, und sie auffordern, sich den Anordnungen der Institution oder des behandelnden Arztes völlig zu unterwerfen.

Viele Entziehungsprogramme setzen sich nicht mit dem eigentlichen Problem der Sucht auseinander. Die meisten dieser Programme dringen nicht bis zum innersten Kern unserer Sucht vor, um diesen Teil von uns zu heilen, in dem das eigentliche Verlangen sitzt, das gestillt werden will.

Fast alle Methoden, die sich zur Zeit mit der Bekämpfung

süchtiger Verhaltensweisen befassen, sind oberflächlich und machen sich die Sache zu einfach. Selbst die Antiraucherprogramme, die mit einer Art Schnellentzugsmethode arbeiten, vermögen nur wenigen wirklich zu helfen, sich von ihrer Sucht zu befreien. Bei dieser Methode wird der Raucher zuerst in seinem süchtigen Verhalten bestärkt und dann plötzlich daran gehindert. Für ein ohnehin bereits schwer geschädigtes Nervensystem ist dies sehr belastend und vermag auch den Kern der Sucht nicht zu heilen.

Wenn das einzige Ziel der Behandlung das Aufgeben eines bestimmten Verhaltens ist, dann erfaßt das Programm nicht den evolutionären bzw. revolutionären Aspekt, der aus dem Kern hervorbrechen kann. In Tat und Wahrheit *verhindern* diese vereinfachenden Programme diese Möglichkeit. Menschen, die sich einer solchen Therapie unterziehen, haben nicht nur feste Absichten, sondern setzen auch große Erwartungen in ihre Heilung. Ihre Erwartungen prallen jedoch oft an der Oberflächlichkeit bestimmter Methoden ab. Bei den Anonymen Alkoholikern hören einige Leute zwar auf zu trinken, aber sie greifen zu Ersatzmitteln wie Zigaretten, Kaffee und dergleichen, oder sie legen ein zwanghaftes Verhalten an den Tag, indem sie von einem Gruppentreffen zum anderen laufen oder andauernd über ihre Probleme sprechen. Diese Ersatzhandlungen werden als Zwischenlösungen bezeichnet, mit denen leichter zu brechen ist, sobald erst einmal die Hauptprobleme beseitigt worden sind. Gelingt dies, war der Prozeß heilsam. Doch wenn jemand neun Jahre später noch immer drei Kannen Kaffee am Tag trinkt und eine Zigarette nach der anderen raucht, dann dürfte er das Kernproblem seiner Sucht nicht erfaßt haben. Leider glauben sich diese Menschen von ihrer Sucht geheilt, weil sie nicht mehr trinken, doch in Wirklichkeit haben sie bloß eine Sucht durch eine andere ersetzt und ihre *Süchtigkeit* nicht geheilt. Sie sind nicht imstande, sich von ihren ›Zwischenlösungen‹ zu befreien, die sich zu wahren Peinigern entwickelt haben, die ihre eigenen Rechte fordern.

Solche Menschen haben sich zwar in gutem Glauben einer Therapie unterzogen, doch ihre Hoffnung auf Heilung erfüllt sich nicht in jedem Fall. Oft wird erreicht, daß sie sich öffnen, um ihre Probleme einzugestehen und ihren Schmerz mit den anderen in der Gruppe zu teilen, ohne daß sie wirklich einen Weg finden, den Schmerz zu heilen. Statt dessen bleiben sie in einer alptraumhaften Welt gefangen, in der sie immer wieder mit ihrem Schmerz konfrontiert werden, ohne diesen lösen zu können. Sie kommen in die Gruppe und berichten ihre Sünden wieder und wieder in dem aussichtslosen Bemühen, ihren Schmerz zu verringern oder sich von ihm zu befreien. Über den Schmerz oder das Suchtverhalten einfach nur zu sprechen führt zu keiner Heilung. Das Eingestehen von Schuld- und Schamgefühlen hilft nicht, die Sucht zu überwinden. Diese Menschen lernen entweder, mit ihrem Schmerz zu leben, oder sie fallen wieder in süchtige Verhaltensweisen zurück, die sie vergeblich abzulegen versuchen.

Derartige Programme stellen keinen vollständigen Prozeß dar. Das zwanghafte Verhalten, das noch jahrelang anhält, ist ein Zeichen für den fehlenden Abschluß des Prozesses. Ein solches Programm weckt in der süchtigen Person und deren Familie falsche Hoffnungen. Oft wird die süchtige Person von der eigenen Familie durch Drohungen gezwungen, an den Gruppentreffen teilzunehmen, weil befürchtet wird, diese könnte sonst in ihr altes Verhalten zurückfallen. Denn im Grunde weiß auch die Familie, daß die oder der Süchtige sich zwar von seiner Hauptsucht befreit hat, aber nicht wirklich geheilt ist. Ein unvollständiger Prozeß kann aber zu keiner Entwicklung führen, und wenn es keine Entwicklung gibt, tritt auch keine Heilung ein. Selbst ein Programm, das zur Aufrechterhaltung eines bestimmten Zustandes dient, hemmt im Grunde genommen das natürliche Wachstum der menschlichen Entwicklung. Wenn wir jeden Tag bestimmte Dinge tun müssen, nur um ohne Alkohol oder Nikotin auszukommen, haben wir zwar ein Symptom bekämpft, sind von der Heilung aber weit entfernt. Jede Form von zwanghaftem Verhalten entzieht nicht nur uns selbst Kraft, sondern auch unseren Mitmenschen. Es ist einfach eine Fortsetzung des Suchtprozesses. Wir sind dann eben süchtig nach der Gruppe oder nach dem täglichen ›Ausmisten‹ unserer ›schlechten‹ Gedanken. Wir sind süchtig nach Hilflosigkeit, wir sind süchtig nach anderen Menschen, wir sind immer noch süchtig! Die meisten Entziehungsprogramme behandeln tatsächlich nicht das Hauptproblem der Sucht; sie versuchen oft nicht einmal, zu dessen Kern vorzudringen, der identisch ist mit einem tiefen inneren Verlangen, das über die Sucht Befriedigung erlangen will.

Die Umwandlung von Gewohnheiten und Verhaltensweisen ist nicht genug. Das Abgeben der Verantwortung kann sich als Bumerang erweisen. Wir können immer jemand anderem die Schuld in die Schuhe schieben oder irgendein Programm dafür verantwortlich machen, nicht stark oder nicht wirksam genug zu sein, um uns zu heilen. Der süchtige Kern in uns wird immer einen Weg finden, uns in den Zustand der Sucht zurückzuholen, wenn wir nicht gewillt sind, der Sache wirklich auf den Grund zu gehen. *Das heißt nichts anderes, als daß wir selber die Verantwortung für unser süchtiges Verhalten und für unsere Heilung tragen.*

Unser Ansatzpunkt ist das Herz, denn in unserem Herzen existiert das mächtige und wahre Wesen unseres Selbst, das ganze Wissen, das wir brauchen, um nach Hause zu uns selbst zu finden. Den Zugang zu diesem Wissen zu erreichen, um es sodann zu leben, ist der Weg, um uns von jeder Sucht zu befreien. Denn Sucht ist nur ein Trostpflaster für das, was wir uns selbst nicht geben können und wofür unsere Gesellschaft keine Lösung hat, weil unsere sozialen Strukturen im Grunde genommen selbst davon zehren.

Bei der Einweisung in eine Anstalt und der Behandlung mit Medikamenten kommt es zu einer ähnlichen Problematik. Natürlich gibt es Menschen, die durch ihre Lebensumstände oder ihre Sucht so zerstört worden sind, daß sie ohne Anstaltspflege und Medikamente nicht überleben können. Viele Alkoholiker, die sich im letzten Stadium der Sucht befinden und schwere körperliche Schäden aufweisen, verfügen nicht mehr über genügend Vitalität, um sich zu reprogrammieren. Der Alkohol hat ihr Gehirn dermaßen zerstört, daß es nicht mehr auf normale Weise funktionieren kann. Doch für die weniger schwer geschädigten Alkoholiker können sich Anstaltspflege und Medikamente als größter Reinfall ihres Lebens erweisen. Durch die sehr verbreitete Überdosierung der Medikamente werden sie von diesen genauso abhängig wie seinerzeit von ihren legalen oder illegalen Drogen. Wenig Mediziner sind sich bewußt, daß Medikamente und Anstalt nur einen ersten Schritt darstellen. Oft werden die Patienten mit einer Ladung Medikamente und der Anweisung, diese in den nächsten Wochen abzusetzen, dann wieder nach Hause geschickt, ohne daß sie dieser Aufforderung nachkommen. Sie brauchen die Medikamente, um den Schmerz zu betäuben, der noch immer in ihnen lauert. Wenn sie ihre Beruhigungs- oder Aufputschmittel auch nur einen Tag lang absetzen, geraten sie in arge Bedrängnis. Der Schmerz ist oft emotionaler Art und benötigt einen Weg, um sich auszudrücken. Sie sind aber nicht in der Lage, mit der Intensität der jahrelang unterdrückten Gefühle umzugehen, und suchen daher einen anderen Weg, um diese zu beherrschen. Sie nehmen eben Pillen oder bleiben in der Anstalt, weil das ›zu ihrem Besten‹ ist.

Wäre das Anstaltspersonal tatsächlich im Heilen von emotionalem Schmerz geschult, dann würde es den Patienten tägliche Übungen für den Umgang mit ihren Gefühlen aufgeben. Auf diese Weise könnten die auf dem Weg der Genesung sich befindenden Süchtigen, ohne sich oder andere zu verletzen, ihren unglaublich starken Emotionen Luft machen. Natürlich ist auch eine Gesprächstherapie, die ja bereits in vielen Kliniken durchgeführt wird, hilfreich, aber sie genügt nicht. Reden kann zu einer neuen Sucht werden, die zwar Erleichterung verschafft, doch das Problem im Grunde genommen nicht löst. Klinik und Medizin könnten für den Süchtigen die neutrale Ausgangsbasis bilden, von der er selbst die Heilung der tieferen Schichten in Angriff nehmen könnte. Während der Entzugsphase wäre der Einsatz von Medikamenten zu Stabilisierungszwecken angebracht, doch müßte der Patient bald zu eigenen Anstrengungen angespornt werden. Meistens ist jedoch diese Phase zu lang. Manche gelangen nie darüber hinaus und bleiben für den Rest ihres Lebens von den Medikamenten abhängig. Somit erweisen sich selbst die großen Geschütze, die unsere Gesellschaft zur Suchtheilung auffährt, als wirkungslos. Sie verwandeln die Menschen bloß in eine Art Roboter, von denen die einen öffentlich verkünden, von ihrer Sucht geheilt worden zu sein, während die anderen die Anstalten nie mehr verlassen, in denen sie vor den Augen der Gesellschaft – die weder gelernt hat, ihnen zu helfen, noch, mit ihnen zu leben – verborgen bleiben. Ihr Anblick, der das Unvermögen der Gesellschaft spiegelt, ist uns unerträglich, deshalb stecken wir diese unliebsamen Mahner in Heime, damit wir nicht zugeben müssen, selber süchtig zu sein.

Wie wir über die Grenzen dieser Programme hinausgehen können, soll dieses Buch zeigen. Dieser Prozeß setzt dort ein, wo andere aufhören. Am besten starten wir mit der klaren Absicht, bis zum Kern vorzudringen, um diesen in Schwingungen zu versetzen und zu heilen.

Kapitel 2

Erkennen von Sucht

Unsere ganze Gesellschaft hat stillschweigend ein Abkommen getroffen, das uns alle zu Geiseln der Sucht macht. Sie ist ein Kontrollsystem, das versucht, uns an die Kette zu legen. Wir im Westen berufen uns zwar auf unsere weitgehend demokratischen Regierungssysteme und behaupten, frei zu sein, doch wir werden mehr oder minder offen auf massive Weise manipuliert. Es wird uns ein Lebensstil aufgedrängt, der die Regierung oder die soziale Struktur auf Kosten unserer individuellen Lebensqualität unterstützt. Man ermutigt uns, nach immer mehr zu streben, und bestärkt uns, immer länger und mehr zu arbeiten. Wir lernen, daß der Erfolg mit dem Besitz eines Autos, eines Hauses und einer Familie, die aus Mann, Frau und 2,2 Kindern besteht, verbunden ist. All dies muß natürlich bezahlt und es müssen dafür Opfer gebracht werden. Diese Opfer werden in der westlichen Welt als selbstverständlich, als normaler Lebensstil betrachtet. Um diesen Lebensstil aufrechtzuerhalten, zerstören wir den Regenwald, die Ozonschicht, den Boden, die Gewässer und die Dritte Welt. Wir sollten ihn besser ›Todesstil‹ nennen, denn unser Planet ist dabei, für immer seine Fähigkeit zu verlieren, je wieder in seinen natürlichen Zustand zurückzukehren. Für einen Hamburger in jedem Bauch und ein Auto in jeder Garage verkaufen wir den Garten Eden. Für individuelle Erlebnisse oder persönliche Bedürfnisse bleibt keine Zeit. Im Gegenteil, in den letzten Jahren wurde ein neuer Weg zur Steigerung unserer Abhängigkeit entdeckt, indem wir zu hartem körperlichen Training in unserer Freizeit ermuntert werden und somit in unseren freien Stunden genauso hart arbeiten wie während der Arbeitszeit. Für Meditation oder spirituelles Wachstum bleibt daher keine Zeit mehr übrig. Arbeiten, produzieren und unsere Zahlungen einhalten − nur dafür ist Zeit.

Die Gesellschaft unterstützt den Glauben, daß es gut und wertvoll ist, sich wie ein Märtyrer zu verhalten oder alles unter Kontrolle zu haben. Wenn wir uns für die Bedürfnisse der anderen aufopfern, gewinnen wir soziale Anerkennung − meistens in Form eines Nachrufes. Selber haben wir oft nie erfahren, was Freiheit ist, oder nicht einmal erlebt, wie es ist, wenn wir etwas nur für uns machen. Wenn es uns gelingt, ein Leben wie alle anderen zu führen und unsere Wünsche und Bedürfnisse der allgemeinen Norm anzupassen, ist uns auch hier das Lob der Gesellschaft sicher. Doch um welchen Preis haben wir uns dieses Lob erkauft? Fast jeder von uns fällt zu irgendeiner Zeit in eine dieser Verhaltensformen. In Familien mit Kindern warten die Eltern oft darauf, bis diese groß sind, ehe ihr Leben beginnt. Nur abgestumpfte Menschen können ein solches Leben der Selbstverleugnung und Selbstunterdrückung führen. Sie müssen in der Tat gleich Schlafwandlern durchs Leben gehen, und dieser Zustand wird durch unsere Süchte aufrechterhalten und verstärkt. Wäre uns bewußt, wie schrecklich es ist, ständig unterdrückt zu sein, so würden wir es nicht aushalten und beginnen, Reißaus zu nehmen. Unserem gemeinsamen Abkommen zur Selbstverleugnung muß jedoch Genüge getan werden, daher müssen wir einen Weg finden, die Selbstverleugnung aus unserem Bewußtsein verschwinden zu lassen. Dieser Weg besteht darin, von dem Angebot an süchtigen Verhaltensweisen Gebrauch zu machen, das unsere Gesellschaft für jeden von uns in jeder Sekunde unseres Lebens bereithält.

Unsere Fähigkeit, uns selbst etwas vorzumachen, ist erstaunlich. Es gibt nur wenige Menschen, die zugeben, süchtig zu sein, dabei sind wir es fast alle. Der ›amerikanische Traum‹ hat uns alle erfaßt, sogar die Länder der Dritten Welt wie zum Beispiel Mexiko. Dieser Traum basiert auf einer materialistischen Weltanschauung, in der nur die oder der Besitzende etwas gilt. Wir haben uns in unserem eigenen Netz gefangen, das wir aus Geiz und Gier geknüpft haben und das uns jetzt zu erwürgen droht. Dieses Netz ist die Ursache, daß unser Leben so wenig Sinn hat und es ihm an Tiefe und wahrer Bedeutung fehlt. Unser Leben verliert sich in dem ständigen Zwang voranzukommen − und wozu? Viele Menschen besitzen am Ende ihres

Lebens Häuser, Boote und Autos, ohne sich an ihrem Spielzeug je richtig gefreut zu haben. Sie verbringen ihr Leben mit dem Erwerb von Dingen, um ihre und die Wünsche ihrer Familie zu erfüllen, doch niemand scheint wirklich froh und glücklich zu sein. In Europa überwiegt die Sucht nach einem ›schönen Heim‹. Auch hier soll eine harmonische Umgebung das eigentliche innere Bedürfnis spiegeln, doch die Anstrengung ist nach außen anstatt nach innen gerichtet. Alles soll ordentlich und sicher, sauber und nett sein. Jeder ist bestrebt, die richtige Art von Frau und die zu seinem sozialen Status am besten passende Wohngegend zu finden, und dann arbeitet er sein ganzes Leben lang für die Erhaltung dieser gesicherten Existenz, in der alles paßt und funktioniert, und er hat nie etwas Stärkeres empfunden als eine kleine Magenverstimmung nach einem Festessen. In der Ehe wahrt man nach außen den Schein eines harmonischen Zusammenlebens, während Vater und Mutter eigene Wege gehen und die Kinder in emotionaler Verwirrung aufwachsen.

Elisabeth Kübler-Ross berichtet, daß Sterbende am häufigsten bedauern, nicht gelebt zu haben. Ein trauriger Rückblick auf ein ganzes Leben! Welch schrecklicher Gedanke für den Abschluß einer menschlichen Existenz, am Ende des Lebens erkennen zu müssen, daß man alles getan hat, was der Gesellschaft wichtig war, und nun mit leeren Händen dasteht; zurückzublicken und festzustellen, daß man noch gar nicht richtig angekommen ist!

Die Gesellschaft versteht unter Sucht nur die schrecklichsten Auswüchse menschlichen Verhaltens, die nicht nur auf den Süchtigen selbst eine schädigende Wirkung haben, sondern auch auf seine Mitmenschen.

In vielen Kreisen der Bevölkerung ist dieser Problembereich noch immer mit einem Tabu belegt und daher nicht bewußt. Den Grund hierfür bildet die Furcht vor der Freiheit, was seltsam genug erscheinen mag, sich jedoch durch den Verlust der Kontrollmöglichkeiten erklären läßt, der gemeinhin mit Freiheit assoziiert wird. Persönliche Freiheit wird als Bedrohung der sozialen Strukturen empfunden. Sie ist aber nur deshalb in Verruf geraten, weil in der Vergangenheit jene Art Freiheit damit bezeichnet wurde, die sich in heftigen Ausbrüchen aus den Zentren schwer geschädigter Emotionskörper ihren Weg bahnte. Freiheit wurde mit Chaos, Krieg oder zivilem Ungehorsam gleichgesetzt. Dieser Freiheitsbegriff bildete den Zündfunken für einen Großteil der Zerstörungen, die in unserer Zeit einsetzten. Doch die Art von Freiheit, die hier gemeint ist, hat ihren Ursprung in gesunden emotionalen Systemen, die durch ein voll funktionierendes Nervensystem ihren natürlichen Zustand spiegeln; eben einen Zustand der Freiheit.

Der Glaube, daß eine Gesellschaft ohne entsprechendes Kontrollsystem nicht funktionieren kann, ist sämtlichen Regierungsformen gemeinsam und bedingt süchtige Untertanen.

Wenn die Menschen wirklich frei wären und ein Leben nach ihrer Wahl führen könnten, würden sich die sozialen Strukturen drastisch verändern. Aber die Anhänger des Status quo lieben keine Veränderungen, denn jede Veränderung ist bedrohlich und unkontrollierbar. Veränderungen führen immer eine unbekannte Größe in das System ein, was eine Schwächung desselben bewirken kann. Es muß sich neuen Anforderungen stellen, und die Veränderungen lassen sich nicht mehr aufhalten. Die Gesellschaft ist daher übereingekommen, Sucht und süchtiges Verhalten zu tolerieren, sogar insgeheim zu unterstützen, weil auf diese Weise die Menschen ihre Freiheit in veränderten Bewußtseinszuständen suchen, sei es auf legalem oder illegalem Wege. Menschen, die von dieser Möglichkeit Gebrauch machen, werden dann sofort als ›süchtig‹ abgestempelt und zum Sündenbock erklärt; auf der anderen Seite bilden sie aber ein wichtiges Ventil für die Freiheit, die dem Individuum verwehrt wird. Fällt es der süchtigen Person schwer, ihr Verhalten weiterhin den gesellschaftlichen Konventionen anzupassen, dann wird die neu gefundene Freiheit als schlecht, sündhaft oder schädlich verurteilt. Indem sie diese Art von ›Freiheitsverwirklichung‹ erlaubt und zum Gebrauch von schädlichen bewußtseinsverändernden Substanzen ermuntert, schafft sich die Gesellschaft einen Bereich, in dem sie viele ihrer Spannungen und Ängste entladen kann. Süchtige bringen die größten Ängste der Gesellschaft zum Ausdruck. Sie beweisen, daß Freiheit nicht erlaubt werden darf, und geben der Gesellschaft die Möglichkeit, sich als große Retterin aufzuspielen – soziale Reformprogramme werden erstellt. Auf diese Weise gewinnen ängstliche Individuen die Oberhand und kontrollieren die Gesellschaft. Das System wird zur unentbehrlichen Einrichtung, die für ihre Mitglieder sorgt und sie unterstützt. »Schaut, wie wir uns um die armen Süchtigen kümmern!« Wir kümmern uns sehr wohl um sie, wir gehen sogar so weit, unsere ›Unberührbaren‹ zu verstecken, um nicht zugeben zu müssen, wie nützlich diese Unglücklichen für uns sind. Dieses ›soziale Abkommen‹ zur Unterstützung der Sucht ist den involvierten Massen nicht bewußt, geschweige denn daß sie erkennen, welch wichtiges Sicherheitsventil für ihre eigene Selbstverleugnung das Leben dieser gebrochenen Menschen darstellt.

Natürlich gibt es Gesetze gegen den Drogenmißbrauch, doch die traurige Wahrheit ist, daß unsere Gesellschaft stillschweigend schon lange übereingekommen ist, Sucht und Abhängigkeit zu unterstützen. Und wenn sie auch nicht die Sucht nach Kokain fördert, so hat sie gegen die Kaffeesucht nichts einzuwenden. Das gilt in gleichem Maße für Alkohol- und Arbeitssucht. Letztere wird als christliche Arbeitsmoral propagiert. Auf unmerkliche, aber unerbittliche Weise werden wir zu Konformisten geformt. Dies beginnt bereits in unseren Schulen, die unsere Kinder über soziale Freiheit und kulturelle Umwälzungen belehren und sie gleichzeitig zu sozialer Angepaßtheit erziehen. Doch der Zusammenbruch dieses Systems ist bereits im Gange, und wir sehen überall die Zeichen seiner Unfähigkeit angesichts der drohenden Vernichtung des ganzen Planeten. Bald werden unsere Kinder nicht mehr in den Wäldern spielen können, die vom sauren Regen zerstört sind, sie werden kein Wasser mehr zum Trinken haben und die Fische aus den Flüssen und den Seen nicht mehr essen können. Vielleicht wachen wir noch rechtzeitig genug auf, doch dieses Erwachen muß schnell und in jedem Herzen vor sich gehen. Jeder von uns muß das Ausmaß seiner persönlichen Süchte erkennen und sich über deren Auswirkung auf die gesamte Zivilisation im klaren sein.

Unser Gesellschaftssystem weist eine patriarchale Struktur auf, die ihren Ausgang von den ersten Ackerbaukulturen nahm. Die Jäger- und Sammlerkulturen zeichneten sich durch

Freiheit und Gleichheit aus. Alle Frauen und Männer hatten die gleichen Rechte und wurden bei ihrer Selbstverwirklichung nach besten Kräften unterstützt. In den matriarchalen Kulturen bildeten ›veränderte‹ Bewußtseinszustände einen existentiellen Teil der menschlichen Erfahrung. Diese Zustände dienten zur Einstimmung in die Jahreszeiten, in planetare Veränderungen, astronomische Abläufe, tierische und menschliche Zyklen, Riten und Rituale. Die Intuition jedes einzelnen wurde gewürdigt und respektiert und für das Wohl der gesamten Gemeinschaft als nützlich erachtet. Mit dem Auftreten der Ackerbaukulturen kam die Notwendigkeit eines Schöpfers auf, irgendwer mußte oben und daher auch irgendwer unten sein. (Siehe ›Wo die Geister auf den Winden reiten. Trancereisen und ekstatische Erlebnisse‹ von Felicitas Goodman.) Die mit den spirituellen und religiösen Erfahrungen verbundenen Trancezustände wurden zum Privileg der Priester und Machthaber innerhalb der sozialen Struktur. Wenn ein Mensch, der zu keiner der beiden genannten Schichten gehörte, in Ekstase fiel, wurde er für verrückt erklärt und je nach den in der jeweiligen Kultur herrschenden Gepflogenheiten behandelt. In den älteren Jäger- und Sammlerkulturen hingegen zählten religiöse Ekstase und Verzückung durchaus zu den Erfahrungen eines normalen menschlichen Lebens. Als dann derartige Erfahrungen den gewöhnlichen Sterblichen verboten wurden, setzten Verdrängungsmechanismen ein. Die Menschen suchten nach Mitteln oder Gewohnheiten, die ihnen halfen, in ›Schlaf‹ zu versinken und ihre Gefühle nicht mehr wahrnehmen zu müssen. Die rote Energie der Leidenschaft und alles, was an Ekstase oder Verzückung grenzte, mußte unterdrückt werden. Die aus solchen Zuständen resultierenden Erfahrungen wurden verurteilt.

Süchtige haben nicht nur die Verbindung zu ihrem wahren Selbst verloren, sondern auch zur Wahrheit der anderen und zu einer größeren Wahrheit, dem Göttlichen. Die meisten von uns hatten in ihrer Kindheit keine andere Wahl, denn Eltern und Gesellschaft lehrten uns Anpassung und Unterdrückung unserer Leidenschaftlichkeit. Leidenschaftlichkeit heißt nichts anderes, als die eigenen Gefühle tief und innig zu erleben. Doch wir wurden dazu erzogen, so wie alle anderen zu sein, und das heißt, daß die Höhen und Tiefen, die hellen und dunklen Seiten unserer Persönlichkeit eingeebnet wurden. Wenn wir nicht ins Schema paßten, wurden wir bestraft. Daher lernten wir, auf unsere eigene Wahl zu verzichten, und schließlich glaubten wir, es gebe keine Wahl und nur eine Art des Verhaltens. Wir waren damit einverstanden, daß wir nicht wählen konnten und von den sozialen Bedürfnissen anstatt von unseren eigenen gelenkt wurden. Es ist ein bitteres Gefühl, zu erkennen, daß wir eigentlich eine Wahl gehabt hätten.

Unser Nervensystem wurde darauf geschult, nur die extremsten Gefühle wahrzunehmen, was dazu führte, daß wir zu glauben begannen, sie nicht aushalten zu können, und anfingen, unsere Gefühle zu verleugnen. Unsere Nervenzellen verlernten, auf die feinen Gefühlsregungen zu reagieren, und bei starken Empfindungen, die wir als unerwünscht betrachten, greifen wir sofort zu entsprechenden Mitteln, um sie einzudämmen.

Eine solche Existenz ist sehr schmerzvoll. Denn in ihrem natürlichen Zustand sind unsere Emotionen laut und bunt, vielfältig und ausdrucksvoll, daher sind sie auf der Suche nach starken Erfahrungen, die uns Kraft geben. Wenn wir gezwungen sind, diese Teile von uns zu verleugnen, dann wird unser natürliches Nervensystem dem Gehirn eine schmerzliche Erfahrung melden. Und wenn jede und jeder von uns geschult und gezwungen wird, auf die gleiche Weise zu reagieren, dann wird das Gruppenbewußtsein ziemlich erfinderisch werden und Wege entdecken, die schmerzliche Wahrheit zu unterdrücken und zu leugnen. Diese Wege werden von der Gesellschaft akzeptiert und anerkannt.

Wir lernen, daß Unterdrückung und Verleugnung die bevorzugte Lebensweise darstellen und daß die Gesellschaft jene Menschen schätzt, die sich für die anderen aufopfern. Wir werden belohnt, wenn wir damit einverstanden sind, regungslos zu verharren und unsere kostbare Lebenskraft für die Aufrechterhaltung einer Gesellschaft zu verschwenden, die kontrolliert und kontrollierbar ist.

Die Hauptangst der Gesellschaft scheint zu sein, daß es bei fehlender Kontrolle zum Ausbruch einer Anarchie kommen würde. Das ist unwahrscheinlich. Unsere Natur fühlt sich zum

Leben und zu den Erfahrungen, die unser Leben verschönern und verbessern, hingezogen und nicht zu Krankheit und Tod. Letztere entstehen für gewöhnlich dann, wenn ein Organismus eingeengt und in seiner Bewegung behindert ist. In seinem natürlichen Zustand ist unser Nervensystem ziemlich schöpferisch und verspielt, es will die allgemeine Erfahrung variieren, so gut es kann. Wahrscheinlich ist einer der Hauptgründe für unsere Inkarnation auf dieser Erde das Auskosten sämtlicher Gaben, die das Leben zu bieten hat.

Wenn wir in Freiheit und in einer gesunden Umgebung leben können, werden wir uns in schöpferischer Weise am Leben erfreuen, und in einer gesunden Gesellschaft wird sich der überwiegende Teil der Menschen für eine solche Lebensweise entscheiden. Die meisten Menschen sind sich nicht bewußt, daß sie die Freiheit wählen und sich statt für Sucht für Gesundheit und Einheit *selbst entscheiden* können. Doch die Wahl liegt jederzeit bei uns. Es scheint, daß Generationen von Menschen versucht haben, eine kulturelle und soziologische Kontrolle über das menschliche Verhalten auszuüben. Sucht gibt es seit dem Auftreten der ersten ›fortgeschrittenen‹ Zivilisationen.

Hier stellt sich die Frage, warum das so ist.

Es liegt nicht in der Natur des Menschen, ohne Freiheit zu leben. In der Geschichte der Menschheit kam es immer wieder zu großen politischen Umwälzungen, weil einer oder mehrere Menschen dies erkannten und ihre Freiheit forderten. Wenn eine Gesellschaft zu restriktiv und zu homogen geworden ist, regt sich in den Herzen der Männer und Frauen die Freiheit, und sie stehen auf, um sich von den süchtigen Machenschaften ihrer Zeit zu entfernen. Jede Freiheitsrevolte bietet uns die Gelegenheit, einen höheren Grad an Verständnis zu erlangen. Die Evolution unseres Nervensystems ist eine der treibenden Kräfte der Existenz, und sie vollzieht sich in Richtung größerer Freiheit und Wohlbefinden. Selbst den restriktivsten Gesellschaften gelingt es nicht, die Menschen so umzuerziehen, daß ihr Verlangen nach Freiheit erlischt, wie die Ereignisse in China im Jahre 1989 bewiesen haben. Dort hatten die Bedürfnisse der Massen lange Zeit Vorrang gehabt, bis einzelne Menschen begannen, sich dagegen aufzulehnen. Es war ein gewaltloser Protest, doch die Regierung fürchtete, daß die Stimme dieser Menschen im ganzen Land gehört und weltweite Unterstützung finden könnte, und schlug daher ihre Forderung nach Veränderung blutig nieder. Diese übertriebene Reaktion der chinesischen Regierung ist ein Beispiel für die Angst, die unsere Regierungssysteme beherrscht. Sie fürchten, daß, wenn die Menschen ihre Freiheit erhalten, sie nicht länger bereit sind, die schwerfälligen und ungesunden Regierungssysteme zu unterstützen. Der Regierungssturz in Rumänien und die sofortige öffentliche Hinrichtung des entmachteten Führers riefen in der westlichen Welt zum Teil große Bestürzung und Schrecken hervor. Dieser Akt, der möglicherweise von politischem Scharfsinn zeugt, entsprang den mißbrauchten Emotionskörpern einer ganzen Nation. Die kollektive Wut, die sich gegen die Politik dieses Mannes aufgestaut hatte, konnte sich nur in diesem Akt als Demonstration ihres Schmerzes lösen. Hoffen wir, daß die Heilung, die im Osten Europas eintritt, auch die restlichen Völker dieses Planeten erfassen wird. Sollte dies geschehen, so wird ein großes Heilungspotential frei werden. Dieser Schrei nach Freiheit wird eine echte Veränderung der Regierungssysteme bewirken, doch nicht in dem Sinn, wie sie von den Regierungsstellen befürchtet wird. Es wird zu einem dynamischen und vielschichtigen Wachstumsprozeß kommen, der zu einer positiven Lebensform führen wird, wie sie auf diesem Planeten bisher unbekannt war. Die Zeit ist reif, wir brauchen nur zu wählen.

Doch zuerst gilt es, die süchtigen Verhaltensweisen zu erkennen, die wir uns als Individuen und als Gesellschaft erwählen und die wir heilen müssen.

Menschen, die ständig ihre Gefühle verleugnen, verfallen in eine Art ›Schlaf‹ und befinden sich dadurch in einer andauernden Krise. Die Entscheidung, als Schlafwandler durchs Leben zu gehen, rührt von dem Bedürfnis her, unsere Wirklichkeit zu negieren. Eine Wirklichkeit, die von Generationen von Menschen geschaffen wurde, die in ständiger Verneinung lebten. Wir verfügten bis jetzt weder über das kulturelle Verständnis noch über die Möglichkeiten, unsere Umwelt zu verändern. An der Schwelle zum 21. Jahrhundert beginnen wir nun langsam die Dinge zu erkennen, die wir verändern müssen, und wir haben das dazu nötige Wissen. Wir hatten Angst vor dem Wachsein, weil wir fürchteten, der Schmerz würde zu groß sein und uns überwältigen. Jetzt können wir aus freier Wahl ein waches Leben in dieser Welt führen, ohne überwältigt zu werden. Viele von uns beginnen schon in dieser Weise zu leben, und viele werden ihnen bald folgen. Wir sind nicht allein, und unser Erwachen wird unsere Freunde aufrütteln.

Historisch gesehen haben wir in einer Dauerkrise gelebt, und eine Dauerkrise muß nach einer Weile sublimiert werden. Dies führt zu einem Bedürfnis nach jenen Stoffen, mit denen in unserer Gesellschaft so oft Mißbrauch getrieben wird. Alkohol, Nikotin, Beruhigungsmittel, Rauschgift, Aufputschmittel und Nahrungsmittel – alles wird benutzt, um von diesem Gefühl der Krise wegzukommen. Wir brauchen etwas zur Entlastung unseres Gehirns, in dem ständig die roten Warnlampen aufblinken und das von Schmerzwahrnehmungen überflutet wird. Es steht uns eine Reihe von Wegen zur Verfügung, die uns helfen, unsere Gefühle zu unterdrücken, doch sie führen in die Leere. Alle Dinge, die uns ein Gefühl der Ganzheit verleihen sollen, verlieren schließlich ihren Zauber, und wir stehen ernüchtert vor der Notwendigkeit, den Zyklus erneut zu durchlaufen. Das Nervensystem ermüdet, und die Adrenalindrüsen sind aufgrund des ständigen Alarmzustandes völlig erschöpft. Unser Nervensystem befindet sich in einer Art Kriegszustand, und wir sind daher ständig gereizt und leicht erregbar. Kein Wunder, daß wir immer mehr Polizei brauchen, um die Dinge unter Kontrolle zu halten und uns vor uns selbst zu schützen. Die Paranoia ist zum Inbegriff der westlichen Kulturen geworden, und es gibt nur ein oder zwei Wege, die aus ihr herausführen. Der leichteste und natürlichste Weg besteht darin, daß wir beginnen, in allen Aspekten des Lebens unsere Freiheit und unser Wohl zu suchen.

»Aus Angst vor der Zerstörung haben wir schließlich eine Welt geschaffen, die tatsächlich imstande ist, sich selbst zu vernichten.« (Aus einem Vortrag von Stanislav Grof in Albuquerque, New Mexico, 1989.)

Was wir nun vor allem erkennen müssen, ist, daß wir diesen

Weg selbst gewählt haben und daß es an uns liegt, ihn wieder zu verlassen. Wir können lernen, Entscheidungen zu treffen, die uns aus der Sucht herausführen, um die subtilen Ausdrucksformen, die wir für unsere Süchte gefunden haben, zu erkennen. Unsere ganze Gesellschaft muß sich für diesen neuen Weg entscheiden, um wieder gesund zu werden, doch am Anfang zählt die Entscheidung jeder und jedes einzelnen, die bzw. der mutig genug ist, sich eine Sucht nach der anderen einzugestehen.

Der versteckte Süchtige

In einer süchtigen Gesellschaft ist es ziemlich schwierig, herauszufinden, wo die persönliche Sucht ihren Sitz hat. Wir sind doch nicht anders als die anderen, ›die es auch tun‹. Was sollte also falsch daran sein, wie wir uns verhalten?

Die persönliche Arbeit mit der Sucht beginnt im allgemeinen mit der Erkenntnis und dem Eingeständnis, daß zumindest ein Verhaltensmuster existiert, das wir gerne ändern würden, daß wir aber Schwierigkeiten haben, mit dieser Gewohnheit zu brechen. Süchtige Verhaltensweisen lassen sich viel leichter aufdecken, wenn sie in den stofflichen Bereich vorgedrungen sind. Wir geben eher zu, Alkoholiker zu sein, als daß wir uns unsere sexuelle Abhängigkeit eingestehen.

Auch der Grad der Süchtigkeit stiftet oft Verwirrung. In der spalte *Psychologische Beratung* mancher Zeitschriften finden sich oft Fragen wie »Mein Mann trinkt jeden Abend zwei Bier. Ist er ein Alkoholiker?« Die Antwortet lautet: »Wenn er das Gefühl hat, auf seine zwei Bier nicht verzichten zu können, oder wenn sich sein Benehmen drastisch verändert, wenn er sie trinkt, dann hat er tatsächlich ein Problem.« Ich erinnere mich aber auch, schon gehört zu haben, daß Biertrinker nicht zu Alkoholikern werden könnten, weil der Alkoholgehalt der meisten Biersorten viel zu niedrig sei. Tatsächlich hat ein bestimmter Alkoholgehalt jedoch nichts mit der Definition von Alkoholismus zu tun.

Jedes Verhalten, das außer Kontrolle gerät, zur Gewohnheit wird oder unbewußt ist, stellt ein Anzeichen für eine Sucht dar.

In manchen Kulturen ist der Genuß von Alkohol dermaßen verbreitet, daß es wirklich schwierig ist einzusehen, daß man süchtig ist. Oft müssen erst schwere Funktionsstörungen auftreten, ehe man überhaupt an ein Problem denkt. Nichtsdestoweniger kann Alkoholismus bereits in Form des regelmäßigen abendlichen Bierkonsums auftreten, wenngleich der Alkoholiker und seine Familie gelernt haben, dies als fast normal zu akzeptieren. Nur wenn ein Benehmen abweisend oder gewalttätig wird, beginnt man sich Sorgen zu machen oder versieht es mit dem Etikett ›süchtig‹. Diese Art von Trinker pflegt auf Vorhaltungen ein Problem zu haben, mit heftiger Verneinung zu reagieren und stolz zu behaupten, jederzeit mit dem Trinken aufhören zu können. Beim Wort genommen, stellt sich dann meistens heraus, daß dies leider nicht der Fall ist.

In vielen Gesellschaften gibt es solche sozialen Trinkgewohnheiten, deshalb ist es äußerst schwierig, dieses Thema anzuschneiden. Doch jedes Verhaltensschema, das uns aus der Wirklichkeit heraustreten und die wahren Gefühle verleugnen läßt, ist Sucht. Alkohol wirkt dämpfend und aufputschend zugleich. Er kann verwendet werden, um die Gefühle bis zu einem extremen Grad zu verstärken oder um sie bis hin zum Vergessen abzustumpfen. In jedem Fall wird die betreffende Person nur wenig von dem erkennen, was ihr Nervensystem tatsächlich wahrnimmt. Alkohol hat außerdem eine ziemlich schädigende Wirkung auf das Gehirn, und jeder Psychiater weiß, daß bei schweren und langjährigen Alkoholikern der an den Gehirnzellen entstandene Schaden oft bereits so groß ist, daß eine Heilung sehr schwierig, wenn nicht sogar unmöglich ist. Diese bedauernswerten Menschen haben in der Tat kein Verlangen mehr, ihr Verhalten zu ändern und mit dem Trinken aufzuhören. Ihnen kann nur durch die Einweisung in eine Anstalt geholfen werden, doch selbst nach einer Entziehungskur sind sie oft nicht in der Lage, die neuen Verhaltensmuster beizubehalten, wenn sie wieder in der Gesellschaft auftauchen und deren Anforderungen ausgesetzt sind. Alkohol verändert alle Wahrnehmungen. Selbst kleine Mengen davon bewirken Veränderungen in unserem Energiehaushalt und in unserer Fähigkeit, uns zu konzentrieren und uns dem göttlichen Einfluß zu öffnen – letzteres stellt die Art und Weise dar, wie wir unser göttliches Selbst kontaktieren und von unserem freien Willen Gebrauch machen. Der göttliche Einfluß kann und wird erst dann in unser Leben eingreifen, wenn wir ihn ausdrücklich anerkennen und um Hilfe bitten. Das ist wahrscheinlich die mystische Wahrheit, die sich in der Science-fiction-Literatur in der Weise spiegelt, daß in ihren Erzählungen oft eine höherentwikkelte Rasse vorkommt, die ihre Schützlinge zwar beaufsichtigt, sich aber nur mit deren ausdrücklicher Erlaubnis in ihr Leben einmischen darf. Der göttliche Einfluß kann nicht angewendet werden, wenn die Frequenzen unserer feinstofflichen Körper durch Drogenmißbrauch gestört sind.

Hier spreche ich von den Frequenzen, die durch ein Leben in ekstatischen Zuständen hervorgerufen werden. Drogenmißbrauch wirkt sich immer auf die Struktur unseres Nervensystems aus. Die Schwingungsfrequenz eines gesunden Menschen nimmt unter dem Einfluß von Drogen ab und ist ziemlich unregelmäßig. Wenn wir derart schädigende Substanzen gewohnheitsmäßig einnehmen, wird unser Nervensystem weiter geschwächt und ist schließlich nicht mehr imstande, hohe Schwingungsfrequenzen, wie sie durch die Energie ekstatischer Zustände entstehen, zu ertragen.

Alkohol hat außerdem eine zerstörende Wirkung auf die Leber. Die Leber ist das Organ, in dem der Zorn seinen Sitz hat. Zornige Trunkenbolde bringen dies zum Ausdruck. Sie fallen oft der Leberzirrhose zum Opfer, weil sie nie gelernt haben, ihren Zorn in angemessener Weise auszudrücken, und ihren kranken Körper in den völligen Zusammenbruch treiben.

Alkoholmißbrauch gehört zu den gebräuchlichsten Ausdrucksmitteln verleugneter Gefühle und zu ihren ältesten. In manchen Kulturen ist die rituelle Verwendung von Alkohol bei religiösen Zeremonien üblich; das verhindert nicht, daß er die am häufigsten und am längsten mißbrauchte Droge in der Geschichte der Menschheit darstellt.

Viel menschliches Potential und Talent geht aufgrund von Alkoholmißbrauch verloren. Die Generationen vor uns hatten schon mit diesem Problem zu kämpfen, und es scheint noch schlimmer zu werden. Es ist eine Frage unseres sozialen Gewissens, wie wir denen, die von diesem Hunger befallen sind, helfen können, und es ist eine Frage, die unsere eigene Evolution betrifft und gelöst werden muß.

Auch das Rauchen gehört zu den gesellschaftlich anerkannten Sitten, obwohl sich das vor allem in den Vereinigten Staaten inzwischen zu ändern beginnt. Das Rauchen ist ein starkes und direktes Mittel zur Unterdrückung der Gefühle, die vom Herzen aufsteigen. Traurigkeit, Kummer und Liebesleid, aber auch weniger starke Gefühle wie soziales Mißbehagen, Unruhe und Ängstlichkeit werden von uns durch das Rauchen unterdrückt. Oft beginnen Menschen zu rauchen, weil sie in eine bestimmte soziale Gruppe hineinpassen wollen, oder sie rauchen, weil sie durch den Rauch eine Art Schutzschirm zwischen sich und ihren Mitmenschen aufbauen können. Manche Menschen empfinden Rauchen als entspannend, andere suchen darin Anregung. In jedem Fall besteht auch hier der eigentliche Zweck darin, sich von den wahren Gefühlen zu distanzieren, indem man ein gesellschaftlich anerkanntes Verhalten adoptiert. Es ist immer leichter, sich eine Zigarette anzuzünden, als ein schmerzliches Gefühl aufkeimen zu lassen oder sich der starken Kraft einer freudigen Erregung hinzugeben. Rauchen, Trinken und alle anderen Süchte, die stoffgebunden sind, sollen nicht nur die ›negativen‹ Emotionen abschwächen oder ausschalten, sondern auch die ›positiven‹. Das ist nur ein weiteres Zeichen, wie krank unser Nervensystem ist, wenn es auch die Frequenz von intensiver Freude und Glückseligkeit nicht aushalten kann.

Es ist allgemein Brauch, schnell nach der Zigarette oder nach dem Glas zu greifen, wenn man sich inmitten einer starken emotionalen Erfahrung befindet, besonders wenn Intimität dabei im Spiel ist. Wir haben nicht gelernt, völlig offen zu sein und alle unsere Gefühle von Liebe und Freude fließen zu lassen. So verletzbar zu sein ängstigt uns viel zu sehr, als daß wir jemand unsere innersten Geheimnisse anvertrauen würden. Viele Menschen neigen dazu, bei Familienfeiern oder anderen Festen mehr zu trinken als im Alltag. Festliche Familienzusammenkünfte stellen eine Gelegenheit dar, seine Gefühle auf besonders herzliche und vielleicht ungewöhnliche Weise auszudrücken, doch die Angst vor diesem Grad an Vertrautheit führt dann zu erhöhtem Alkoholkonsum. Auf der anderen Seite wird gerade Alkohol dazu benutzt, um sich Mut anzutrinken und starke Emotionen zum Ausdruck zu bringen. In beiden Fällen werden die Emotionen durch Alkoholmißbrauch gesteuert.

Diese Form von Drogenmißbrauch ist in Wirklichkeit eine Art Selbstmißbrauch, die ihren Ursprung in einem Mangel an Vertrauen in das eigene Selbst hat. Wenn sich jemand zu einer derartigen Handlung entschließt, nimmt er sich die Möglichkeit, tief innerlich berührt zu werden und Glückseligkeit zu erleben. Er verdeckt durch die Droge den Hunger in seinem Inneren. Das menschliche Bedürfnis, zu lieben und geliebt zu werden, wird unterdrückt. Süchtige sind in der Einsamkeit ihrer Sucht gefangen und leben in einem selbstauferlegten Exil. Niemand kann den Schleier durchdringen, in den sie sich durch ihr Verhalten gehüllt haben. Sie können und wollen ihre wahren Gefühle nicht preisgeben. Es hat den Anschein, als seien sie in der Isolation und Einsamkeit steckengebleiben − was auch tatsächlich der Fall ist.

Extreme Verhaltensweisen zählen gleichfalls zu den Ausweichtechniken. Nicht jeder, der trinkt, wird zornig. Es gibt auch den ›fröhlichen Trinker‹, den selbst die Nachricht vom kurz bevorstehenden Weltuntergang zum Lachen reizen würde. Er ist nicht in Verbindung mit seiner Wirklichkeit. Er benutzt sein Lachen und sein joviales Gehabe, um andere auf Distanz zu halten. Grölendes Gelächter oder Kichern sind ein Zeichen von Nervosität oder Unfähigkeit, eine Lage zu meistern. Diese Unfähigkeit, die Wirklickeit zu meistern, ist der wahre Grund des Unbehagens. Jedes übertriebene Benehmen ist ein Mittel, um die wahren Gefühle schon im Keim zu ersticken. Wir brauchen uns bloß ein Bild aus unserer Teenagerzeit in Erinnerung zu rufen, als wir von dem oder der heimlich Angebeteten zum erstenmal angesprochen wurden und entweder mit verlegenem Kichern oder mit Herablassung reagierten. Diese Reaktionen waren einfach ein Ausdruck unserer Unfähigkeit, mit den auf uns einstürmenden Gefühlen von Wonne und Entzücken zurechtzukommen, ausgelöst durch die Beachtung, die uns das geliebte Wesen schenkte. Begannen nicht viele von uns in dieser kritischen Zeit zu rauchen, um erwachsen oder männlicher zu erscheinen? Hier liegen die Anfänge unserer stoffgebundenen Süchte, die zur Maskierung unserer Gefühle dienten, mit denen uns niemand umzugehen gelehrt hatte.

Stoffungebundene Süchte sind genauso stark und stellen zumeist unbewußte Wege dar, die unserer Ablenkung dienen. Jede Beziehung, in der einer der Partner zum Wohle des anderen einen Ausverkauf seiner selbst betreibt, ist Sucht. Menschen, die ihr eigenes Leben und ihre Lebensqualität aus ›Liebe‹ oder wegen ›Sicherheit‹ aufgeben, legen ein süchtiges Verhalten an den Tag. Wenn wir zulassen, daß unser wahres Selbst geopfert oder mißbraucht wird, sind wir süchtig. Sobald wir die eigenen Bedürfnisse mißachten, brauchen wir irgendeinen Ersatz, an den wir uns klammern können. Meistens zählt in solchen Beziehungen der eine Partner zum aktiv süchtigen Typus, während der andere heimlich süchtig ist. Vielleicht sind beide nur in einem relativen Sinn süchtig, doch süchtig sind sie. In einem späteren Kapitel wird auf dieses Thema noch viel genauer eingegangen; hier wird es der Vollständigkeit halber erwähnt, weil auch diese Art von Sucht oft nur schwer erkennbar ist. Die Verleugnung des wahren Selbst trennt uns von uns selbst, von unseren Mitmenschen und von Gott. Diese Trennung erzeugt sowohl Angst als auch ein falsches Gefühl der Sicherheit. Die Angst vor der Trennung ist einer der Hauptaspekte des inneren Hungers, gleichzeitig aber sind wir – paradox genug – süchtig nach diesem Gefühl des Getrenntseins: Das ist einer der wichtigsten Mechanismen der Sucht.

Verhaltensmechanismen süchtiger Persönlichkeiten

Verhaltensmodelle wie die folgenden dienen bloß der Orientierung. Sie sollen keinesfalls ein starres Schema darstellen, in das die Menschen einzuordnen sind, da wir alle von jedem Typus etwas mitbekommen haben. Glücklicherweise gibt es keine reinen Formen dieser Typen, weil jede und jeder von uns etwas von einem Engel und von einem Teufel hat. Versuchen wir einfach herauszufinden, inwiefern diese Beschreibungen auf uns zutreffen.

Der Opfertyp

Diese Menschen haben kaum die Fähigkeit, ihre Lage zu verändern. Sie fühlen sich machtlos und außerstande, aus ihrer süchtigen Lebensweise herauszukommen. Oft nehmen sie die Hilfe eines Menschen, der sie liebt, in Anspruch, um zu versuchen ›sich zu bessern‹. Doch in Wirklichkeit wollen sie bloß ihre Verantwortung auf jemand anders abschieben, der bereit ist, bei ihrem Spiel mitzumachen.

Mit folgenden Überzeugungen erschaffen Opfertypen ihre Wirklichkeit:

Meine Sucht ist stärker als ich.
Ich habe keine Kontrolle über meine Sucht.
Wäre mein Leben nicht so verfahren, wäre ich o. k.
Daß ich so bin, ist ihre Schuld (Eltern, Partner, Boß).
Ich habe nicht die Kraft, etwas zu verändern.

Sie halten fortwährend nach jemand Ausschau, der sie retten soll. Sie brauchen immer einen Sündenbock. Ihre Stimmung wechselt zwischen Selbstmitleid und Selbstverurteilung, denn in gewisser Weise glauben sie, daß sie die schlimmen Dinge, ›die ihnen zustoßen‹, verdienen.

Der starke Typ

Diese armen Seelen glauben, daß sie alles unter Kontrolle haben und über die meisten Schwächen erhaben sind. Das Bild, das sie sich von sich selbst machen, ist makellos und auf allen Linien siegreich, und alles hängt für sie davon ab, dieses Bild aufrechtzuerhalten.

Ihr Glaubensbekenntnis lautet:

Ich habe mich immer unter Kontrolle.
Ich kann jederzeit aufhören zu rauchen (trinken... etc.).
Ich halte die Welt in meinen Händen.
Mir kann nichts passieren.

Niemand versteht mich wirklich.
Sie wissen nicht, wer ich wirklich bin.
Ich bin nicht süchtig.

Wenn die Welt ihre Selbstgefälligkeit nicht unterstützt, sind sie zum Scheitern verurteilt. Doch meistens finden sich Menschen, die darauf brennen, ihr Geschick in ihre Hände zu legen. Der starke Typ muß immer überlegen erscheinen und den Eindruck erwecken, er habe sein Leben fest im Griff. Oft fühlt er sich dadurch vom Leben ziemlich überfordert und erschöpft. Es braucht eine Menge Energie, um die ganze Welt zu beherrschen.

Der bedürftige Typ

Für ihn ist nie genug da. Dieses Credo prägt seine Persönlichkeit, und mit der Zeit scheint er davon ganz besessen zu werden. Tief in seinem Inneren hütet er die Wahrheit, daß von dem, was er zu seiner Erfüllung braucht, nie genug vorhanden sein wird.

Seine Wirklichkeit sieht wie folgt aus:

Mir wird es nie gut gehen.
Niemand kann mir helfen.
Ich werde nie begreifen, was falsch ist.
Ich werde nie genug Geld (Liebe, Essen, Spaß etc.) haben.
Gegen meine Krankheit wird wahrscheinlich nie ein Mittel
gefunden werden.
Ich sollte mein Leben in Ordnung bringen, aber ich habe
keine Zeit.

Die Wirklichkeit, die durch eine solche Überzeugung geschaffen wird, ähnelt der des weißen Kaninchens aus ›Alice im Wunderland‹. Unermüdlich läuft der bedürftige Typ von einer Therapie zur anderen oder von einer Liebe zur nächsten, da er nie zufrieden ist mit dem, was er hat, und immer ein Haar in der Suppe findet. Ließe er sich nämlich einmal in Frieden nieder, dann würde seine Überzeugung zusammenbrechen und die Welt, so wie er sie kennt, aufhören zu existieren.

Der schuldige Typ

Das Bedürfnis, schuldig zu sein, dient den Menschen dieses Typs zur Selbstbestrafung. Es spielt daher keine Rolle, ob sie wirklich etwas Falsches getan haben oder nicht. Sie benutzen ihre Schuldgefühle auch, um sich und andere zu manipulieren. Fast in jedem ihrer Sätze kommt das Wort ›hätte‹ vor.

> *Es ist alles mein Fehler.*
> *Ich hätte es besser wissen müssen.*
> *Ich hätte es anders machen sollen.*
> *Jeder weiß, daß ich es getan habe.*
> *Jeder haßt mich für das, was ich getan (gesagt, gefühlt etc.) habe.*
> *Du hättest wissen müssen, daß es meine Schuld war.*
> *Du hättest mir nie trauen dürfen.*

Sie verbringen ihr Leben damit, sich ungeziemend zu benehmen, um dafür Bestrafung oder Tadel bei sich oder anderen zu suchen; auf jede Provokation folgt ein selbstauferlegter Schmerz.

Diese vier Typen stellen, unter anderen, Wege zur Personifizierung unserer Süchte dar. Auch sie gehören zu dem ›sozialen Abkommen‹, das unsere Gesellschaft getroffen hat. ›Schuldige‹ finden ›Bestrafer‹, ›Bedürftige‹ finden ›Versorger‹, und so unterstützt jeder die Sucht des anderen

Der verlorene Weg zur Ekstase

Der natürliche Mensch würde gerne in einem Zustand der Ekstase, Freude und Verzückung leben. Doch unsere westliche Kultur betrachtet diese Erfahrungen entweder als tief religiöses Phänomen oder setzt sie mit bestimmten Drogenerfahrungen gleich. Der Wunsch, diese Gefühle in den Alltag zu integrieren, gilt als verschwenderisch, selbstsüchtig, närrisch oder einfach als böse. Außerdem wird die Aufrechterhaltung des Lebens aus einem solchen Zustand heraus als unmöglich erachtet. Nichtsdestoweniger sind wir in unserem innersten Kern ständig auf der Suche nach Ekstase.

Ekstase und Glückseligkeit sind Zustände, in denen unsere gesamte Energie, ungehindert durch Angst, Negativität oder Verleugnung, durch unser System fließt. Glückseligkeit bedeutet zu wissen, daß wir mit der Erde, mit Gott und mit den anderen Lebensformen verbunden sind, und zu fühlen, daß diese Verbindung gut ist. Es bedeutet, alles zu akzeptieren. In diesem Zustand ist es möglich, alle emotionalen Schwingungen zu empfangen und in angemessener Weise durch den Körper zu leiten. Diese Fähigkeit bewirkt eine sehr schnelle Transformation der emotionalen Energien. Wir sind imstande, die Information zu verarbeiten, während wir uns von der Emotion hinauf- oder hinuntertragen lassen. Wir werden vertraut mit der bittersüßen Fülle des emotionalen Lebens. Wir können Traurigkeit und Freude zugleich aufnehmen und beide im gleichen Augenblick erkennen und umwälzen. Unsere Erziehung ist darauf ausgerichtet, unsere Emotionen zu festigen, doch unser wahrer emotionaler Zustand ist in ständiger Bewegung und Veränderung. Dies ist keinesfalls so chaotisch, wie es im ersten Augenblick erscheinen mag, denn in einem gesunden Emotionskörper sind die Veränderungen rhythmisch und subtil und geben alles, was in unserer Umwelt geschieht, auf eine harmonische Weise wieder.

Ein ekstatisches Leben beruht darauf, daß wir in unserem Inneren mit dem verbunden sind, was unsere persönliche Wahrheit darstellt. Und diese Verbindung kommt dann zustande, wenn wir fähig sind, *alles* zu fühlen, was in unserer Wirklichkeit existiert. Unser wunderbares Nervensystem ist durch die sich über viele Generationen erstreckende Selbstverleugnung zu Schaden gekommen und schwächer geworden, als ursprünglich vorgesehen. Die Frequenz der Ekstase ist ziemlich hoch und intensiv, so daß wir nun Schwierigkeiten haben, sie zu steuern, und es leicht zu einer Art Kurzschluß in unserem

Nervensystem kommen kann. Übergroße Freude wird uns dann zuviel, und wir glauben, ›es vor Glück nicht aushalten zu können‹ und beginnen tatsächlich unsere Aufnahme- und Wahrnehmungsfähigkeit zu drosseln, um das ›High‹ auf ein erträgliches Ausmaß zu reduzieren. Wir brauchen uns nur ein derartiges ›High‹-Erlebnis in Erinnerung zu rufen und uns zu fragen, wie lange wir einen solchen Grad an Erregung aufrechterhalten können. Auf welche Weise haben wir damals die Erfahrung verändert?

Können Sie sich vorstellen, ständig in einem Zustand vollkommener Glückseligkeit zu leben?

Wenn wir die Erfahrungen der Ekstase und Glückseligkeit zulassen, beginnt sich die Qualität des Lebens um uns herum zu verändern. Doch wir sind süchtig danach, das Gefühl zu haben, niedergeschlagen und traurig zu sein, weil wir unfähig sind, uns zu heilen und höhere Frequenzen zu ertragen.

Warum?

Jahrhundertelang haben unsere Vorfahren ein Leben in Selbstverleugnung, Angst und am Rande des Überlebens geführt. Auch wir leben in ständiger Erwartung irgendwelcher Gefahren. Dieser Streß übt auf die evolutionäre Entwicklung des Nervensystems eine verheerende Wirkung aus. Ein Leben in dauernder Angst erzeugt einen Grad an Streß, der für unsere Nerven und unsere Sensitivität schädlich ist. Schuldgefühle, Vorwürfe, Lügen, Scham, Hilflosigkeit und Unterdrückung sind alles Mittel, die wir uns als Ausdrucksmöglichkeiten erwählt haben und die unserem Nervensystem schaden. Wir haben diese Gefühle, als eine Art Ausweg, über unsere wahren Gefühle gestülpt und auf diese Weise unserem Wesen großen Schaden zugefügt. Zum Glück ist dieser Schaden heilbar – wir können diesen Prozeß der Desensibilisierung umkehren.

In unserem innersten Kern sind wir sensitive Wesen. Nur hatten wir bisher nicht viel Gelegenheit, unsere Sensitivität zu erforschen. Uns in unserer Wahrheit preiszugeben erschien uns zu gefährlich. Wir befürchteten, daß unsere Sensitivität als Schwäche ausgelegt und ausgenützt werden könnte. Gleichzeitig haben wir Angst, unsere Kraft zu zeigen und die Göttlichkeit unseres wahren Selbst durchblicken zu lassen. Fast jeder

von uns hat bereits in der Kindheit einmal seine Stärke mißbraucht und ist dafür bestraft worden. Wir setzten unsere jün-
geren Geschwister unter Druck, wenn sie unseren Wünschen
nicht nachkamen, oder nahmen uns einfach, was wir wollten,
und wurden dafür von unseren Eltern getadelt. Sie lehrten uns,
daß dieses Verhalten unsozial sei, und wir fühlten uns schuldig
und hatten doch nichts anderes getan, als unsere natürliche
Stärke auszudrücken. Wir lernten, daß jedes Zurschaustellen
von Kraft falsch sei. Doch wir tragen nicht nur die Erinnerung
an solche Erfahrungen aus der Kindheit in uns, sondern auch
aus früheren Leben. Viele von uns haben Erinnerungen an frühere Zeiten, in denen sie für die Ausübung oder den Mißbrauch
von Stärke verfolgt und bestraft wurden, und fürchten, dieselben Vergeltungsmaßnahmen erleiden zu müssen, wenn sie ihr
Licht scheinen lassen. Das ist der Grund, warum wir unsere
Sensitivität und Stärke unterdrücken, zum einen, weil die Stärke
die anderen bedroht, und zum anderen, weil Sensitivität nach
Schwäche aussieht. Also verstecken wir uns. Und der einzige
Weg, unsere Wahrheit zu verstecken, liegt in der Unterdrük-
kung und Verleugnung unserer wahren Gefühle und Verhaltensweisen.

Weil wir uns weigern, unsere wahren Gefühle anzuerkennen
und anzunehmen, haben wir uns für die Sucht entschieden. Um
diese innerliche Trennung zu erzeugen, wenden die Menschen
verschiedene Verhaltensformen an. Stoffgebundene Süchte fallen stärker ins Auge als süchtige Verhaltensweisen, die stoffun-
gebunden sind. Nichtsdestoweniger sind Verhaltensmuster, die
auf Vorstellungen wie »Ich bin doch so arm...« oder »Ich tue
alles für dich...« beruhen, gleichfalls als Sucht anzusehen.

Jedesmal wenn wir nur um des lieben Friedens willen nach-
geben oder weil wir die Wünsche eines anderen Menschen für
wichtiger halten als unsere eigenen, legen wir ein süchtiges Verhalten an den Tag.

Solche Überzeugungen und Verhaltensweisen bewirken in
unserem Inneren ein Gefühl der Unsicherheit, so daß wir uns
schließlich vor der eigenen Existenz fürchten. Wir haben
Angst, überlastet oder vollkommen vernichtet zu werden,
wenn wir unsere Gefühle zulassen, deshalb blockieren wir das

Zentrum unseres Emotionskörpers und versuchen diese Blokkade, hinter der sich Schuldgefühle, Wut und Angst verbergen, um jeden Preis aufrechtzuerhalten.

Es ist an der Zeit, neu anzufangen und die Evolution unseres Nervensystems bewußt zu steuern. Wenn wir unsere wahren Gefühle zulassen können, beginnt sich unser Nervensystem zu kräftigen. Unsere Nerven stehen unter großem Streß, wenn der Organismus die empfangenen Informationen ständig leugnet. Wenn das Gehirn die Signale, die vom Nervensystem kommen, fortwährend überspielt, beginnt das Nervensystem sich nach einer Weile abzuschotten, und unsere Sensitivität läßt nach.

Oft entwickeln wir eine einzige Reaktionsform als Antwort auf die verschiedensten Reize, die wir dann in jeder Lage benutzen, anstatt jedesmal auf angemessene Weise zu reagieren. Ein gutes Beispiel hierfür ist der sogenannte Choleriker, der immer zornig ist. Dieser Mensch hat gelernt, daß sein Zorn ihn beschützt und ihm außerdem hilft, einiges von dem zu bekommen, was er haben will. Daher setzt er ihn in jeder Lage ein. Er hat sich selber von seinen wahren Gefühlen abgeschnitten, Gefühlen wie Trauer, Freude, Schwäche, Hilflosigkeit, Kraft und was immer er sonst noch empfinden könnte.

Er hat sein Nervensystem dazu erzogen, nur Zorn auszudrücken. Er ist süchtig nach Zorn und nach der Macht des Zorns, ausgedrückt als unkontrollierte und unkontrollierbare Wut. Er tobt, und seine Kinder gehorchen, seine Frau hält den Mund, und seine Untergebenen ducken sich. Und er bleibt in seiner Wut allein, niemand versteht ihn, nicht einmal er selbst. Seine Tobsucht ist der unpassende Ausdruck seiner Überlebensstrategie und ein Mittel seiner Herrschsucht. Sein Schmerz und seine Angst sind tief in seinem Wesen vergraben. Er tobt, und alle versuchen, seinem Willen gerecht zu werden, nur um den Ausbruch zu überleben. Doch er weiß selbst nicht, was er will, und daher kann es ihm auch niemand recht tun.

Viele Menschen in unserer Gesellschaft benutzen eine solche Form der emotionalen Deckung, um sich gegen ihre Umwelt abzuschirmen. Darunter liegen ihre Gefühle, Schicht um Schicht, bereit aufzutauchen, doch ihr Nervensystem hat den Weg vergessen. Unser Gehirn hat diese Gefühle viel zu oft zensiert. Sich für Ekstase und Glückseligkeit zu entscheiden verlangt eine Menge Mut. Doch diese Gefühle sind wunderbar, und um zu ihnen zu gelangen, müssen wir gewillt sein, auch alle anderen Gefühle wahrzunehmen.

Kürzlich nahm ich an einem Workshop teil, dessen Leiter verschiedene Gruppen von Teilnehmern aufforderte, bestimmte emotionale Zustände darzustellen, ohne zu verraten, um welche es sich handelt. Die anderen Gruppen hatten die Aufgabe, den Zustand zu erkennen und dementsprechend zu reagieren. Eine Gruppe erhielt besonders unterschiedliche Reaktionen, die von Angst bis zu Feindseligkeit und Ungläubigkeit reichten, denn die anderen nahmen an, daß diese Gruppe Wahnvorstellungen, Chaos oder Hysterie verkörpere. Die Aufgabe dieser Gruppe war die Darstellung von Ekstase.

Der Leiter des Workshops sprach die Vermutung aus, daß weder die Darsteller der Emotion noch deren Zuschauer eine Ahnung von Ekstase hätten. Welch niederschmetternde Feststellung! Wie können wir in dieser Welt leben, ohne mit dem Gefühl der Ekstase vertraut zu sein?

Die Antwort lautet: Indem wir so lange unseren Süchten frönen, bis wir die Fülle unserer Gefühle nicht mehr wahrnehmen können. Ekstase ist Fülle – berstende, machtvolle, verändernde Fülle!

Wenn wir unsere Süchte heilen, werden wir ganz von selbst in den natürlichen Zustand von Ekstase und Glückseligkeit zurückkehren. Wir werden frei und unbeschwert in diese Erfahrungen hineingehen und die hohen Frequenzen ohne Schwierigkeit halten können. Dann werden diese Zustände, die bis dahin nur außergewöhnlich religiösen oder spirituellen Menschen zugeschrieben wurden, zum Allgemeingut aller Menschen werden. Wir werden alle in dem Licht unseres neu gefundenen und erworbenen Rechtes auf Glückseligkeit tanzen! Welch eine Welt werden wir erschaffen!

Zunächst heißt es jedoch, die Besonderheiten der eigenen Süchte aufzustöbern und zu erkennen, auf welche Weise wir uns selbst von diesem natürlichen und reinen Zustand der Ekstase ausschließen.

Kapitel 3

Anerkennung der persönlichen Sucht

Wir leben in einer Zeit, in der das Problem der Sucht immer mehr ins Bewußtsein der breiten Öffentlichkeit dringt. Drogen gefährden unsere Kinder, während die Eltern ihre Frustrationen in Alkohol ertränken oder sich mit Medikamenten vollstopfen. Das statistische Material über diesen Problembereich spricht für sich, doch es erfaßt nicht jene subtilen Formen der Sucht, die dem Kern des Problems näher sind. Diese Schichten überlagern den tief in uns sitzenden Hunger, der unersättlich scheint und uns unerbittlich antreibt, das Unmögliche zu versuchen, nämlich ihn auf diese Weise zu stillen. Unsere Süchte werden von diesem inneren Hunger gespeist, und daher muß jede Heilung hier ansetzen – an der Quelle. Wir können uns durch unsere Süchte Schicht um Schicht hindurcharbeiten, doch wir werden diesen Hunger so lange spüren, bis wir zum innersten Kern vorgedrungen sind, zur Quelle des Hungers.

Der erste Schritt zur Heilung – und damit auch zur Stärkung der eigenen Kraft – ist bereits getan, wenn wir anerkennen, auf irgendeine Weise süchtig zu sein. Selbst die unscheinbarste Gewohnheit, der wir nicht willentlich Einhalt gebieten können, verdient unsere Aufmerksamkeit. Es steht allen frei, sich genauer unter die Lupe zu nehmen und sich einzugestehen, welches Ausmaß ihre Sucht erreicht hat. Doch meistens erfolgt dieses Eingeständnis erst, wenn einem das Problem über den Kopf zu wachsen beginnt. Manchmal muß es zu einem Zusammenbruch auf körperlicher oder seelischer Ebene kommen, ehe wir bereit sind, etwas zu unternehmen. Oft ist es leichter, mit der Anerkennung der mehr ins Auge springenden Süchte wie Trinken oder Rauchen zu beginnen, über deren schädliche Wirkung auf den Körper inzwischen jedermann Bescheid weiß, so daß wir schon allein aus gesundheitlichen Gründen vielleicht zugeben werden, daß sie ein Problem darstellen.

Es gibt viele Formen von Sucht, und jedes süchtige Verhalten, mit dessen Problematik wir uns identifizieren können, stellt einen guten Ausgangspunkt dar. Die Gruppen, mit denen ich gearbeitet habe, fingen meistens bei ihren Rauchgewohnheiten an. Dies führte dann zur Entdeckung vieler Schichten süchtigen Verhaltens. Der erste und wichtigste Schritt ist das Eingeständnis, daß eine Abhängigkeit existiert, die wir nicht in den Griff kriegen und die uns Zeit, Geld und Energie in einem unverantwortlichen Ausmaß kostet. Sobald wir beginnen, einen Blick auf unsere rein äußerlichen Gewohnheiten zu werfen und ihre Anstifter auszuforschen, werden wir auf vielfältige Aspekte von Suchtverhalten stoßen. Wir brauchen nur einzusehen, daß etwas unserer Aufmerksamkeit bedarf, dann können wir die Ursache für die Störung des Gleichgewichts beheben.

Das Aufgeben des Lügens

Einer der hartnäckigsten Mechanismen der Sucht ist das Lügen. Manchmal ist das Lügen offenkundig und erfolgt, weil wir uns selbst bzw. unser Hab und Gut schützen wollen oder weil wir die Absicht haben, einen Raum für unsere Sucht zu schaffen. Meistens aber ist das Lügen mit unserem normalen Verhalten so verwoben, daß wir uns dessen gar nicht bewußt sind, und dennoch erzeugen wir damit einen Puffer gegen die Wahrheit.

Was sind Lügen?

- ›kleine‹ Lügen sind genauso schädlich wie eklatante Lügen.
- Gefühle zu verleugnen oder Entschuldigungen zu erfinden heißt lügen.
- Rechtfertigung ist oft eine Form des Lügens.
- Die Wahrheit oder einen Teil davon zu verschweigen ist ein stummes Lügen.
- Sich besser oder schlechter zu machen, Über- oder Untertreibungen sind Lügen.

- Sich einer fremden Autorität unterzuordnen, wenn man selbst besser weiß, was man braucht, ist eine Lüge.
- Aus bloßer Höflichkeit in einer unangenehmen Lage zu verharren, wenn man viel lieber woanders wäre, ist eine Lüge.
- Gleichgültigkeit oder Informiertsein vorzutäuschen ist eine Lüge.

Und welche Wirkung haben diese Lügen?

Sie veranlassen unser Nervensystem, wegzuhören und die Geräusche, Gefühle und Folgen unserer Lügen nicht zu beachten. Sie führen uns immer weiter weg von unserer Wahrheit und von unserem Herzen. Sie bieten uns die Möglichkeit, uns vor unseren Erfahrungen zu verstecken und in einem Zustand der Verwirrung zu leben, den wir in stillschweigender Übereinkunft als wirkliches Leben betrachten. Auch das ist ein Teil des Abkommens, das unsere süchtige Gesellschaft getroffen hat. Diese Lügen und unbewußten Vereinbarungen ermutigen uns zur Aufrechterhaltung dieser selbstzerstörerischen Verhaltensmuster und verhindern die persönliche Entwicklung der Individuen. Sie vermitteln uns einen falschen Sachverhalt, den wir schließlich für wirklich betrachten, und um diese falsche Wirklichkeit zu untermauern, schaffen wir noch mehr Lügengeschichten. Wir lehren unser Nervensystem, daß Lügen real sind, und erzeugen damit ein inneres Chaos. Wenn wir uns über die in einem gesunden Nervensystem vorhandenen angeborenen Reaktionen auf Lügen hinwegsetzen, stiften wir zuerst einmal Verwirrung. Nachdem eine Weile lang Verwirrung geherrscht hat, beginnt sich die unrichtige Information einzuprägen, was auf die Entwicklung der Rezeptoren für die elektrischen Impulse eine verheerende Wirkung hat. Es kommt zu einer Dämpfung der Stimme, die uns sagt, daß wir in Schwierigkeiten sind, daß irgendwo etwas nicht funktioniert und daß wir handeln sollten.

Wir sind fein abgestimmte elektromagnetische Schöpfungen. Unser Nervensystem hat sich in Millionen Jahren zu einem Mechanismus entwickelt, der nicht nur die feinsten energetischen Veränderungen wahrnehmen kann, sondern auch emotionale

Informationen, Wetterveränderungen und Gruppenideen und -konzepte; gleichzeitig obliegt ihm die interne Überwachung der Organe, der Drüsen- und Körperfunktionen. Wenn wir ständig in der Lüge leben, verändert dieses System, das während der gesamten Evolutionsdauer darauf abgestimmt wurde, sofort zu wissen, was richtig ist, seine natürliche Funktion und wird zu einem Instrument, das alle möglichen Informationen sammelt und schließlich nicht einmal mehr weiß, daß Rauch für die Lungen schädlich ist. Wenn genug Menschen zur gleichen Zeit dieser Art nervlichen Verwirrung unterliegen, dann ist der gesamte Evolutionsprozeß gefährdet. Was jeder von uns für seine Heilung tut, hat einen direkten Einfluß auf den ganzen Planeten. Die Forschungen über das sogenannte ›morphogenetische Feld‹ haben bewiesen, daß es an verschiedenen Punkten des Planeten zur spontanen Entstehung derselben Lebensform kommt. Was einer von uns für wahr hält, beginnt die Realität des anderen zu beeinflussen. Die Macht unseres multidimensionalen Selbst ist unvorstellbar. Die Weisen und die Seher aller Zeiten haben immer nur einen Blick auf dieses Potential werfen können. Das beste Beispiel dafür ist der Gottmensch der Maya. Unsere Süchte bilden die einzige, jedoch wirksamste Blockade für das neurologische Potential der Evolution. Jeder Mensch, der seine Sucht heilt, öffnet ein neues neurologisches Potential. Und schließlich tritt der Effekt ein, daß der ›hundertste Affe‹ seine Lektion gelernt hat. Ein spontanes Erlernen dieser neuen Seinsweise könnte den gesamten Globus erfassen. Spontane Heilungen könnten sich auf dem ganzen Planeten ereignen, wenn sich genug Menschen von ihren Süchten befreien könnten. Das morphogenetische Feld würde diese heilenden Schwingungen, die nun nicht mehr lediglich von Individuen, sondern von ganzen Gruppen ausgingen, aufnehmen, und das neurologische Potential der Erde würde sich stetig erhöhen.

Die Flucht aus der realen Zeit

Wenn wir süchtig sind, ist es unmöglich, in der realen Zeit zu verweilen, denn dies würde bedeuten, die ständig eingehenden

Informationen sofort zu verarbeiten. Das wiederum hieße, daß wir unsere Urteile und Entscheidungen aufgrund dessen, was uns unser Nervensystem sagt, zu treffen hätten, und zwar unverzüglich und ohne zu zögern. Wir sind geschaffen, um im Hier und Jetzt zu leben und um unsere persönliche Wahrheit zu verwirklichen. Diese Wahrheit versetzt uns in Schwingung und führt uns zu unserer ureigenen Erfahrung des Lebens. Dieses Erleben der persönlichen Wahrheit ist unser Geschenk an die göttliche Quelle. Doch wir haben uns so weit von unserer persönlichen Wahrheit entfernt, daß bereits das Erkennen ihrer Abwesenheit einen Schritt zur Heilung bedeuten kann.

Wir flüchten vor der Gegenwart, indem wir Sätze benutzen, die mit ›Wenn nur...‹ oder ›Was, wenn...‹ beginnen. Das ist ein wirksamer Mechanismus, um außerhalb der realen Zeit zu bleiben. Diese Gedankenformen reißen uns aus dem Hier und Jetzt und stoßen uns in eine mentale Realität, die uns glauben läßt, wir hätten schon alles. Aber das ist kein schöpferisches Denken. Dieses Denken schafft Verwirrung, und wenn wir in die Welt der realen Zeit zurückkehren, müssen wir oft überrascht feststellen, daß ›Was, wenn...‹ nicht existiert. ›Wenn nur...‹-Gedanken sind zur Bestrafung unseres Selbst bestimmt, weil wir entweder keine Informationen haben oder weil es uns an Scharfblick mangelt. ›Was, wenn...‹ untergräbt die Existenz des größeren Planes und läßt uns in unserer Welt allein sein. Wir glauben schließlich, daß alles von uns und unserem schwachen Ego abhänge und nicht von Gott oder dem göttlichen Selbst.

Wunschdenken und die Erschaffung von Phantasiewelten sind ebenfalls Prozesse, die süchtig machen. Kino oder Fernsehen können zu einer starken Sucht werden und die reale Existenz untergraben. In den Ländern der Dritten Welt hält selbst in den kleinsten Dörfern sofort nach dem Erwerb der Elektrizität auch das Fernsehen seinen Einzug. Es wird zum weltweit akzeptierten Mittel, das uns erlaubt, aus der Realität hinaus- und in eine Scheinwelt hineinzugehen, und auf diese Weise Disharmonie und Unzufriedenheit erzeugt. Natürlich können wir es als einen Ausdruck des morphogenetischen Feldes auf materieller Ebene betrachten, und wir dürfen seine Bedeutung als globales Kommunikationsmittel nicht unterschätzen. Daher wäre es um so wichtiger, es zur Verbreitung der neu gewonnenen Einsichten über unsere Süchte zu verwenden, um zu verhindern, daß diese von den Entwicklungsländern im Zuge ihres ›Wachstums‹ gleichsam miterworben werden.

Warum fürchten wir uns vor dem Leben in der Gegenwart und vor den Gefühlen und Erfahrungen, die damit verbunden sind?

- *Weil wir vor Verlust oder Hilflosigkeit und den damit verbundenen schmerzlichen Gefühlen Angst haben.*
- *Weil uns bewußt werden könnte, daß wir unwichtig oder unheilbar sind.*
- *Weil wir eines Tages herausfinden könnten, daß es tatsächlich niemanden gibt, der für uns da ist, oder*
- *daß Gott gestorben ist,*
- *daß es keine Liebe gibt,*
- *daß keine Hilfe zu erwarten ist,*
- *daß der Hunger, den wir immer gespürt haben, nie vergehen wird,*
- *daß wirklich von dem, was wir brauchen und uns wünschen, nicht genug da ist,*
- *daß wir schlecht sind,*
- *daß wir häßlich sind.*

Alle diese Ängste stellen nur ein Beispiel für die Überzeugungen dar, die Menschen von sich haben. Und um mit diesen Überzeugungen umgehen zu können oder sie nicht spüren zu müssen, schaffen sie sich Süchte. Diese Überzeugungen entstehen schon in sehr jungen Jahren. Sie stammen aus unserer Umwelt, von unseren Eltern, von unserer Gesellschaft – selbst aus unserem eigenen Gehirn, das den Schmerz, den wir hier auf Erden fühlen, zu erklären versucht. Wenn unser Nervensystem von derartigen Überzeugungen beherrscht wird, entsteht eine Wirklichkeit, die diese Art von Wahrheit reflektiert. Aber die Menschen können in dem Zustand, der durch diese Überzeugungen verursacht wird, nicht leben, sondern beginnen zu sterben. Ihre Lebenskraft hält dem Druck, der von diesen starken

Gedanken ausgeht, nicht stand, und die Menschen versuchen deshalb, sich von außen Linderung zu verschaffen.

Selbst unsere spirituellen Organisationen sind ihrer Struktur nach süchtig machend. Unsere religiösen Führer lehren uns, daß wir ohne Gott nicht auskommen können. Das stimmt zwar, doch das Großvaterbild, das sie uns von Gott anbieten (nachdem wir kräftig zur Kasse gebeten wurden), ist nicht der Gott, den wir fühlen oder durch den wir Heilung erlangen können. Jede organisierte Religionsform beruht ihrer Struktur nach auf gegenseitiger Abhängigkeit, das heißt, sie ist davon abhängig, daß wir glauben, ohne sie nicht auskommen zu können. Obwohl die meisten Religionen und Lehrer ihren Anhängern eingeben, daß Sucht etwas Schlechtes sei, lassen sie ihnen keine andere Wahl, als sich ihnen auszuliefern. Fast jedes religiöse System nützt die menschliche Sucht nach Hilflosigkeit aus, indem es erklärt, daß der Mensch im Grunde genommen böse oder irregeleitet sei und nur gerettet werden könne, wenn er sich der religiösen Doktrin unterwerfe. Menschen, die glauben, daß ihre Gefühle und Erfahrungen nicht nur unangemessen, sondern schlecht und sündig seien, müssen ihre Zuflucht zu Priester, Kirche oder Erlöser nehmen, um sich belehren, leiten oder retten zu lassen. Da sie von der eigenen Hilflosigkeit überzeugt sind und sich unfähig fühlen, ihren ›sündigen‹ Lebenswandel zu ändern, geraten sie in die Abhängigkeit der religiösen Systeme, und es kann zu keiner Heilung kommen. Der einzelne Mensch wird in der Tat von der Organisation aufgesogen und durch ihre Lehren geschwächt. Die meisten Organisationen brauchen schwache Menschen in ihren Reihen. Unsere ganze Gesellschaft ist auf schwachen Menschen aufgebaut, aus denen sie ihre Lebenskraft bezieht – ein parasitäres Verhalten!

Menschen, deren Selbstmotivation stark genug ist, beginnen die religiösen Strukturen zu hinterfragen und ziehen sich dann oft von ihnen zurück. Einigen wenigen ist es gelungen, Heilung zu finden und sich dennoch einen Platz innerhalb der Kirche zu bewahren, was bewundernswert ist, doch die meisten müssen die strengen Lehren über Sünde und sündiges Verhalten abschütteln, wenn sie Heilung erlangen wollen. Was die Kirche für Menschen, die sich von ihrer Sucht heilen wollen, tun könnte, ist, sie die Wahrheit zu lehren, nämlich daß Gott da ist, um jenen zu helfen, die sich selber helfen. Nun erinnere ich mich zwar daran, dies im Religionsunterricht gehört zu haben, aber es ist mir nicht sehr stark in Erinnerung geblieben. Gott wendet sich von keinem ab, er ist immer da, so daß die Menschen sich seiner bewußt werden können, wann immer sie fähig sind, ihn in ihr Bewußtsein hineinzulassen. Sie könnten lernen, sich täglich mit der Gottesenergie zu verbinden, um von ihrem Bedürfnis nach Vergebung frei zu werden, und sie könnten lernen, ihre Grenzen zu akzeptieren und sich deswegen keine Vorwürfe zu machen.

Selbstvorwürfe sind zur Zuchtrute der Religion geworden. Die Menschen werden dazu gebracht, sich schuldig zu fühlen, schuldig wegen ihrer tiefsten und stärksten Gefühle, schuldig wegen ihrer Art, sich auszudrücken, und schuldig wegen ihrer Gefühle überhaupt. Schuldgefühle sind der starke Arm der Religion. Mitgefühl und grenzenlose Liebe sind die starken Arme Gottes. Wem wollen wir uns anvertrauen und wen um Hilfe bitten bei der Heilung unserer ›Unarten‹?

Ein gesundes Nervensystem duldet keine parasitäre Aktivität. Es wird nicht zulassen, daß es von einer Gruppe oder von einer Person, mit der es seine Energie nicht teilen will, als Brennstoff gebraucht wird. Süchtige Menschen müssen das Gefühl haben, gebraucht zu werden. Sie gehen völlig auf in Religion, Gesellschaft, Beziehung, Beruf und Familie, doch nicht auf eine freudige und bewußte Weise, sondern unbewußt und in ungesunder Verleugnung ihrer wahren Bedürfnisse. Sie transferieren ihre Sucht von einer Substanz auf eine Gottesvorstellung. Sie haben gelernt, sich süchtig zu verhalten, und setzen nun Schuldgefühle und Gott dafür ein. Das ist keine Hingabe, sondern Opfer. Süchtige Menschen opfern sich für jeden, der ihnen das Gefühl vermittelt, daß sie erwünscht sind und gebraucht werden. Dieses Verhalten an sich ist schon süchtig — und weit verbreitet.

Das Aufdecken des Selbstmißbrauchs

Durch unsere Süchte mißbrauchen wir uns selbst. Wir stecken in Verhaltensformen, von denen wir gesteuert werden und mit denen wir uns selbst verleugnen. Sie veranlassen uns zu Handlungen, die wir eigentlich gar nicht ausführen wollen. Wir handeln, wir leugnen, wir fühlen uns schuldig. Unsere Süchte haben uns dermaßen geprägt, daß wir unsere Gedanken, Körper und Nervensysteme umerziehen müssen. Oft sind wir sogar nach den Strafen süchtig, die unsere Familie, Freunde oder wir selbst für unsere ›Sünden‹ über uns verhängen. Besonders bei Alkoholikern ist die Bestrafung genauso wichtig wie der Akt des Trinkens selbst. Sie finden immer jemand, der sie für ihr schlechtes Benehmen bestraft, also müssen sie sich schlecht benehmen, um die Bestrafung zu bekommen.

Was aber, wenn es sich um eine subtilere Form von Sucht handelt? Die subtilen Suchtformen fallen weniger ins Auge, können jedoch mit etwas Anstrengung ebenfalls entdeckt werden. Subtile Suchtformen wie Eßsucht, Zanksucht, Herrschsucht oder Redesucht wirken sich auf unseren Lebensstil und unser Lebensglück nicht weniger schädlich aus als die offensichtlicheren Suchtformen. Beide zehren an unserer physischen Gesundheit und Lebenskraft, die subtilen langsamer und beständiger als die offensichtlichen. Bei den subtilen Süchten haben wir es auch mit unausgesprochenen Abkommen zu tun, die wir mit der Familie oder den Freunden getroffen haben. Doch das Hauptproblem bei den subtilen Suchtformen liegt darin, daß sie ein noch größeres Lügennetz und Versteckspiel bedingen als die schweren Suchtformen, die nicht mehr geleugnet werden können. Wir geben nicht zu, wieviel wir essen oder zanken, oder wir bemerken gar nicht, wenn wir andere verbal mißbrauchen. Diese Lügen kommen zu dem zerstörerischen Verhalten der Sucht selbst noch hinzu und bewirken, daß wir ein noch schwierigeres Verhaltensmuster zu durchbrechen haben. Zuerst schaden wir uns selbst, indem wir unserer Sucht nachgehen, und dann, indem wir darüber lügen oder leugnen, daß sie ein Problem darstellt. Die subtilen Suchtformen sind so schwer einzugestehen, daß es wirklichen Mut braucht, um zu ihrem Kern vorzudringen. Meistens ist der Mißbrauch selbst verursacht. Oft essen wir heimlich ein Stück Schokolade, um uns dann stundenlang stumme Selbstvorwürfe zu machen. Genauso wie der Raucher, nur mit dem Unterschied, daß es uns hier noch schwerer fällt, zuzugeben, was eigentlich vorgeht. Wahrscheinlich würden wir versuchen, die Dinge zu verschleiern, und sagen: »Ich würde mir das doch nie selbst antun!« oder »Ein Mensch, der *das* tut, muß wirklich krank sein!« Wir fürchten uns vor dem eigenen und dem Urteil der anderen so sehr, daß wir es nicht wagen, unsere Sucht einzugestehen. Wenn wir uns von dieser Furcht befreien könnten, wäre unsere Heilung viel einfacher. Es sind die Menschen, die sich und anderen das Urteil sprechen, nicht Gott. Und aus Angst vor diesem Urteil verstecken sie sich hinter ihren Süchten und leugnen ihre Probleme. Es ist dringend notwendig aufzuhören, über uns und andere zu urteilen. Was wir auf unserer Welt brauchen, ist Liebe und Unterstützung für jeden, der mutig genug ist, seine Heilung in Angriff zu nehmen. Es gibt inzwischen fast niemand mehr auf unserem Planeten, der nicht in der einen oder anderen Form mit diesem Fluch der Zivilisation behaftet ist, deshalb müssen wir lernen, liebendes Mitgefühl für den Prozeß der Heilung aufzubringen statt Tadel oder Vorwürfe.

Nehmen Sie sich die Zeit, die folgenden Fragen in Ruhe durchzulesen und ehrlich zu beantworten. Sie betreffen nicht nur die subtilen, sondern auch handfestere Suchtformen.

Fragen zur Aufdeckung des Selbstmißbrauchs:
- *Was müßten Sie aufgeben, wenn Sie sich Ihre Sucht eingestehen würden?*
- *Was würde sich in Ihrer Welt verändern, wenn Sie sich selbst die Erlaubnis erteilten, sich Ihr eigenes Verhalten einmal näher zu betrachten?*
- *Sind Sie grundsätzlich abgeneigt, eine Chance wahrzunehmen, die Ihr Leben verbessern könnte, wenn sich dadurch dessen gewohnter Verlauf verändern würde?*
- *Woran müssen Sie glauben, um alkohol- oder nikotinsüchtig zu sein?*

– *Sind Sie wirklich und wahrhaftig überzeugt davon, daß Sie aufgrund Ihrer Angewohnheit in körperlicher Gefahr sind?*
– *Ist Ihnen bewußt, daß Sie sich ständig selbst vergiften?*
– *Hegen Sie insgeheim die Überzeugung, eine Ausnahme zu sein, so daß Ihnen das Gift, das Sie Ihrem Körper zuführen, nichts anhaben kann?*
– *Hatten Sie je das Gefühl, daß Ihre Bedürfnisse so wichtig seien, daß die der anderen nicht zählten oder diese warten mußten?*
– *Hatten Sie je das Gefühl, daß nur Sie allein etwas erleben würden?*
– *Hat Sie je der Gedanke verfolgt, was andere Leute über Sie und Ihr Leben denken könnten?*
– *Können Sie manchmal nicht aufhören, sich über andere Leute den Kopf zu zerbrechen?*
– *Sind Sie der Meinung, daß es im Leben immer um alles oder nichts geht?*
– *Sehen Sie das Leben in Schwarz oder Weiß, Ja oder Nein polarisiert?*
– *Glauben Sie, daß Schuldgefühle nützlich und notwendig sind?*
– *Haben Sie sich je dabei ertappt, wie Sie sich für Ihr Verhalten vor sich selbst oder anderen rechtfertigten, indem Sie auf die ›besonderen‹ Umstände in Ihrem Leben hinwiesen?*
– *Können Sie es nicht ertragen, unrecht zu haben?*
– *Sind Sie unfähig, Ihre Fehler zuzugeben?*
– *Sind Sie immer beschäftigt, damit Sie sich Ihrer eigentlichen Gefühle nicht bewußt werden?*
– *Genehmigen Sie sich manchmal heimlich einen Drink, eine Zigarette oder etwas zum Naschen, obwohl Sie sich vorgenommen hatten, aufzuhören?*
– *Fühlen Sie sich bedroht, wenn eine andere/ein anderer sich kontrolliert verhält?*
– *Fürchten Sie sich davor, die Beherrschung zu verlieren?*
– *Würden Sie sich bei einer Veränderung in Ihrem Verhalten noch immer gleich wichtig, nützlich oder geachtet vorkommen?*
– *Könnten Sie, wenn es zu einer Veränderung in Ihrem Leben*

käme, auch in einem weniger ›normalen‹ Lebensstil ein
neues Gleichgewicht finden?

Anhand dieser Fragen und Ihrer Antworten werden Sie einen Eindruck gewinnen, wie man süchtiges Verhalten erkennen und sich eingestehen kann. Wenn Sie auf eine oder mehrere Fragen mit ›ja‹ geantwortet haben, können Sie beginnen, sich mit Ihren süchtigen Verhaltensweisen näher zu befassen. Dieser Lernprozeß über Sucht erfordert, daß wir auf eine neue Art ehrlich zu uns selbst sind, und deshalb ist es gut, sich mit diesen Fragen allein auseinanderzusetzen. Auf diese Weise können wir unsere innere Wahrheit erspüren, ohne sie vor anderen preisgeben zu müssen, und dies wird uns ermöglichen, jene Entscheidungen zu treffen, die notwendig sind, um eine Veränderung unseres Lebensstils und somit unserer Lebensqualität herbeizuführen. Erst wenn wir uns wirklich dazu bereit fühlen, können wir diese Wahrheit auch unserer Umwelt gegenüber zum Ausdruck bringen. Sie brauchen daher keine Angst zu haben, wenn Sie diese Technik benutzen, um sich ehrlich und ohne Scheu selbst zu erforschen.

Wo die Verantwortung liegt

Wurde die Sucht erkannt und ein entsprechender Ansatz gefunden, wo mit der Heilung begonnen werden kann, so setzt nun der eigentliche Prozeß ein. Diese Arbeit kann Ihnen niemand abnehmen, kein Workshop und kein Lehrbuch auf der ganzen Welt. Die Fähigkeit zur Heilung liegt bei Ihnen. Selbsthilfegruppen, Therapiegruppen und die liebevolle Unterstützung der Familie und der Freunde stellen zwar eine Hilfe dar, doch nur bis zu einem gewissen Grad. Andererseits ist die Wahrscheinlichkeit groß, daß Sie innerhalb der Gesellschaft und oftmals auch innerhalb des eigenen Bekanntenkreises nur wenig Unterstützung finden. Die Beziehungen, die Sie als Süchtige oder Süchtiger hatten, werden von Ihrer Absicht, sich zu verändern, gefährdet, da sie alle ein Element von gegenseitiger Abhängigkeit in sich trugen. Meistens beruht auch die

Hilfe, die uns aus unserem Bekanntenkreis zuteil wird, auf einer Form von Manipulation. Die Helfer möchten zwar, daß wir unsere offensichtlichen selbstzerstörerischen Verhaltensformen aufgeben, während sie an den subtileren Formen, nach denen sie selbst süchtig sind oder die sie zur Machtausübung benutzen, festhalten. Was soll aus ihnen werden, wenn wir ihre Hilfe plötzlich nicht mehr brauchen? Deshalb müssen wir vorsichtig sein, wenn man uns Unterstützung anbietet, und prüfen, was unser innerer Heiler dazu sagt. Wenn uns etwas nicht geheuer vorkommt, ist es besser, die Hilfe abzulehnen. Sobald wir beginnen, uns selbst zu heilen, tritt auch ein Wandel in unseren Beziehungen ein. Eine solche Veränderung muß aber auf Widerstand stoßen, denn schließlich hat sich jede oder jeder mehr oder weniger mit den Gegebenheiten arrangiert. Es gibt eine Reihe von Menschen, die wir in dem Prozeß unserer Sucht benutzt haben, und manche haben uns bei deren Ausübung Gesellschaft geleistet. Einige von ihnen haben unsere Sucht benutzt, um ihre eigene zu verdecken oder zu unterstützen, und viele, die uns jetzt nicht mehr in den Reihen der Trinker oder Raucher finden, werden ziemlich verärgert sein über den Spiegel, zu dem wir für sie geworden sind.

Vor vielen Jahren, als ich mit meiner eigenen Heilung begann, stellte ich fest, daß gewisse Gewohnheiten sich mit meiner neuen Richtung nicht länger vereinbaren ließen. Als ich anfing, diese Gepflogenheiten zu ändern, merkte ich, daß mir das Zusammensein mit vielen meiner Freunde, die nur zusammenkamen, um gemeinsam zu trinken und zu rauchen, keinen Spaß mehr machte. Ich veränderte meine Gewohnheiten, während sie in den ihren verharrten. Letzten Winter bin ich in meinen Heimatstaat zurückgekehrt und habe viele meiner ehemaligen Freunde besucht. Die zwischen meinem letzten Besuch verstrichenen zehn Jahre scheinen für sie sehr langsam vergangen zu sein. Sie haben sich anscheinend kaum verändert, nur ihre Gewohnheiten und Süchte sind stärker geworden, da sie sich gegenseitig darin unterstützen, wodurch ihre gesellschaftliche Funktion und Anerkennung gewährleistet ist. Es war traurig für mich zu sehen, daß sie sich entschieden haben, in ihrem süchtigen Verhalten zu verharren, und gleichzeitig erkannte ich, wie sehr ich mich verändert habe, seit ich den Schwerpunkt meines Lebens verlagerte. Im Vergleich zu meinem alten Selbst bin ich viel glücklicher und gesünder, doch meine alten Freunde scheinen zu glauben, daß sie es besser getroffen hätten. Dies gehört zu den durch Sucht hervorgerufenen Selbsttäuschungen.

Der Schlüssel, um mit der Heilung zu beginnen, liegt darin, den Mut und die Überzeugung zu finden, die Verantwortung für die eigene Sucht auf sich zu nehmen und zu erkennen, daß selbst diese Sucht ihren Sinn für die Entwicklung unserer Seele hat und daß die Zeit gekommen ist, um aus der Befreiung von dieser Sucht zu lernen. Die volle Verantwortung zu übernehmen heißt, daß wir niemand anderem als uns selbst die Schuld für unsere Entscheidungen zuschieben, daß wir endlich bereit sind zu akzeptieren, daß wir und nur wir allein die Entscheidungen getroffen haben, die uns dorthin gebracht haben, wo wir jetzt stehen.

Ferner müssen wir gewillt sein anzuerkennen, daß wir wahrscheinlich Hilfe brauchen werden, die von einer höheren Quelle kommt als von unserem Ego, daß Gott bzw. unser göttliches inneres Selbst zur Heilung herangezogen werden müssen. Die Ursache für unsere Sucht mag zum Teil darin liegen, daß wir uns von Gott getrennt fühlen. Das könnte überhaupt unser Kernproblem sein, und wenn wir nun beginnen, uns an diese Quelle zu wenden, werden wir entdecken, wie allein wir uns ohne Beziehung zum Göttlichen gefühlt hatten. Die Fähigkeit, Gott zu bitten, wieder in unser Leben zu treten und uns bei der Heilung zu helfen, stellt einen bedeutsamen Schritt dar, und wir werden sofort die Unterstützung und Stärkung empfangen, die nur aus einer göttlichen Verbindung fließen kann.

Unser göttliches inneres Selbst ist das Verbindungsglied zur göttlichen Energie und unsere eigene Göttlichkeit. Das göttliche Selbst, die Hauptquelle für spirituelle Hilfe und für höheres Lernen, ist immer da und wartet darauf, uns zu helfen. Doch das Geheimnis des göttlichen Selbst besteht darin, daß es erwartet, anerkannt und zur Hilfe eingeladen zu werden. Ansonsten bleibt es für immer still im Hintergrund, um zu beobachten und zu lernen, ohne sich je einzumischen. Wenn wir lernen, mit diesem Teil von uns in Verbindung zu treten, verändert sich unser ganzes Leben, und wir sind mit etwas in Verbindung, das uns heilt und nährt. Auf meine Einladung hin pflegte mein göttliches Selbst mir zuzuflüstern: »Atme Licht ein!«, wenn mich der Drang zu rauchen überfiel, und dann konnte ich davon ablassen. Es wurde ein Spiel für mich zu sehen, wie schnell das göttliche Selbst reagieren würde, und schließlich merkte ich, daß ich ihm genug Erlaubnis zur Intervention erteilt hatte, da es bereits einschritt, noch ehe es mir bewußt geworden war, daß ich jetzt eigentlich eine Zigarette hatte rauchen wollen.

Gott in unser Bewußtsein einzulassen ist eine der Voraussetzungen für den Heilungsprozeß. Für viele Leute ist der Begriff ›Gott‹ zu stark belastet. Sie haben mit Religion schlechte Erfahrungen gemacht und sich von dem Bedürfnis, an Gott zu glauben oder Gott zu empfangen, abgewandt. Sollte dies bei Ihnen der Fall sein, so genügt es, statt dessen den Begriff ›göttliches Selbst‹ zu verwenden, um Hilfe zu erhalten, die von einer größeren Macht als unserer Egopersönlichkeit kommt. Vielleicht wird der Begriff ›Gott‹ später einmal eine neue Bedeutung für Sie erlangen, so daß Sie ihn auf eine andere Art verstehen und akzeptieren können.

Möglicherweise entscheiden Sie sich im Anfangsstadium für die Unterstützung durch eine Gruppe oder eine Therapeutin. Es gehört oft zu unserem süchtigen Verhalten, daß wir glauben, alles allein machen zu können. Wir sind so an das Gefühl gewöhnt, von den anderen abgeschnitten oder getrennt zu sein, daß wir es nicht zulassen wollen, daß jemand in unseren engen Wirklichkeitsbereich eindringt, selbst wenn er uns helfen will. Doch sobald wir lernen, wirklich Verantwortung für uns selber zu übernehmen, werden wir erkennen, daß es ein großes Plus ist, im richtigen Moment Hilfe empfangen zu können. Das Bedürfnis, alles allein zu machen, ablegen zu können, ist ein Signal, daß unsere Heilung beginnt. Als ich mich vor einiger Zeit in einer Klinik aufhielt, um mir das Rauchen abzugewöhnen, anerbot ich mich, die anderen Mitglieder meiner Gruppe zum halben Preis zu massieren. Keiner von den fünfundzwanzig Gruppenteilnehmern war imstande, sich diese Unterstützung und Erleichterung zu gönnen, obwohl der die Gruppe leitende

Arzt darauf hinwies, daß die mit dem Entzug verbundenen Spannungserscheinungen durch eine Massage behoben werden könnten. Alle waren bestrebt, alles zu erdulden, um sich für ihre schlechte Angewohnheit zu bestrafen, so daß sie diese Hilfe nicht annehmen konnten. *Wenn wir nämlich jede erreichbare Hilfe annehmen, wird es um so schwieriger, unser süchtiges Verhalten fortzusetzen.* Wenn wir uns dieser Möglichkeit selbst berauben, wird hingegen die Wahrscheinlichkeit für ein Scheitern unserer Bemühungen größer. Das ist einer der Hauptmechanismen, der uns veranlaßt, süchtig zu bleiben.

Die Sucht zu stoppen bedeutet ferner, daß wir gewillt sind, die Entzugssymptome durchzustehen. Gleichgültig, ob es sich bei unserer Sucht um Alkohol oder Sex handelt, der Entzug wird schmerzlich und schwierig sein. Wir müssen uns verpflichten, alles durchzustehen und *alles* zu fühlen, was wir bisher vermieden haben. Es gibt viele Methoden und Erleichterungen, die diesen Teil der Heilung so erträglich wie möglich machen, doch wir haben unsere Gefühle unterdrückt, und diese sitzen im Kern der Sucht. Um Schmerz zu vermeiden, haben wir uns bewußt für ein süchtiges Verhalten entschieden. Daher ist dieser Teil der Arbeit am schwersten. Doch wenn es unser aufrichtiger Wille ist, aus diesem Verhaltensmuster herauszukommen, werden wir einen Weg finden, diesen Bereich zu durchschreiten.

Nach einer Weile wird das Empfinden der Gefühle zu etwas, worauf wir uns freuen werden. Am Anfang werden Sie wahrscheinlich ein Gefühl haben, als ob ein Güterzug auf Sie zukäme und Sie zu überrollen drohe. Sie werden das Verlangen haben, Ihrer Sucht zu frönen, und fühlen, wie der Zug immer größer und schneller wird und Sie in Panik verfallen. Gelingt es Ihnen, dem süchtigen Verhaltensmuster zu entsagen, werden Sie spüren, wie der Zug vorüberfährt. Sie werden merken, daß Sie weder gestorben sind noch Ihrer Sucht nachgegeben haben. Sie dürfen sich gratulieren! Erfolgsmeldungen und Belohnungen helfen, wenn Sie beginnen, sich neu zu programmieren und sich für Ihre persönliche Gesundheit zu entscheiden. Sobald Sie sich einige Male selbst bewiesen haben, daß Sie fähig sind zu wählen, ob Sie rauchen, trinken, Schokolade naschen, mit jemandem schlafen wollen oder nicht, können Sie immer wieder auf diese Erfahrungen zurückgreifen, und diese werden Ihnen helfen, die alten Verhaltensmuster aufzugeben. Erfolgserlebnisse rangieren in der Liste der Hilfsmittel zur Vermeidung süchtiger Verhaltensweisen an oberster Stelle.

Sie werden erkennen, daß die Sucht ein Mittel ist, um sich und andere zu beherrschen. Die Entscheidung, die Sucht aufzugeben, ist gleichzeitig eine Entscheidung für Freiheit und gegen jede Form von Kontrolle. Sie werden vielleicht feststellen, daß Freiheit zu den Dingen gehört, vor denen Sie Angst haben. Doch Sie werden diese Angst heilen und neue Überzeugungen schaffen, die Ihnen helfen, frei zu leben und tiefe Erfahrungen zu sammeln, die sich Ihrer Kontrolle entziehen.

Sie und somit auch Ihr Nervensystem waren lange Zeit süchtig: Jahre, in denen Sie nicht auf die Botschaften gehört haben, die Ihre Nerven Ihrem Gehirn übermittelten. Nun ist es für Sie Zeit, sich wieder darin zu üben, auf verschiedene Reize entsprechend unterschiedlich zu reagieren, damit Sie die Möglichkeiten haben, auch auf Streßsituationen bewußt einzugehen, anstatt wie gewohnt zu irgendeinem Beruhigungsmittel zu greifen. Sie müssen gewillt sein, sich eine neue und gesunde Umgebung zu schaffen, um wieder zu lernen, auf gesunde Art zu reagieren. Vielleicht stellt sich heraus, daß ein Teil von Ihnen an den süchtigen Verhaltensmustern festhält. Dieser Teil hat am meisten Angst und ist am stärksten süchtig und braucht daher Sicherheit und Liebe. Wahrscheinlich wird es Ihrem Ego anfangs schwerfallen, einen Teil, der Ihnen solche Schwierigkeiten bereitet, zu lieben, doch es findet sich immer ein Weg, die Hand auszustrecken und zu sagen: »Komm, komm nach Hause!« Das ist genau die Medizin, die dieser Teil braucht, und wenn er sie bekommt, wird er endlich lernen zu vertrauen und loszulassen.

Was Ihre Entscheidung, sich von Ihrer Sucht zu heilen, bewirkt:
- *Sie gestehen sich Ihre Sucht ein und erkennen, daß Sie die Fähigkeit haben, sich von ihr zu heilen.*
- *Sie erteilen einer größeren Kraft die Erlaubnis, Ihnen zu helfen.*

- *Sie erkennen, daß Sie nicht mehr alles unter Kontrolle haben müssen.*
- *Sie sind einverstanden, den Entzug durchzustehen.*
- *Sie sind bereit, alle Gefühle bewußt zu erleben.*
- *Alles in Ihrer Wirklichkeit ist gleich wertvoll.*
- *Sie sind frei.*
- *Sie finden neue Grundsätze, die Ihrer nicht süchtigen Lebensweise entsprechen.*
- *Sie erleben die Wirklichkeit auf eine neue und vitale Weise.*

Was Sie wirklich brauchen

In dieser Liste können Sie schnell nachschlagen, wenn Sie einmal nicht wissen, worauf Sie Ihr Hauptaugenmerk als nächstes richten sollen. Natürlich ist sie nicht linear zu betrachten, sondern eher wie eine Spirale. Während Sie Schicht um Schicht heilen, werden Sie manchmal wieder auf Platz eins landen und von dort aus überspringen auf Platz drei oder fünf. Jede Suchtschicht erfordert ihre eigene Abfolge, und es ist daher unumgänglich, daß Sie den richtigen Teil finden, wenn Sie ihn brauchen.

Ein weiterer Zweck dieser Liste ist es, Ihnen zu zeigen, daß Sucht geheilt werden kann und daß dies lange nicht so schwierig ist, wie man allgemein annimmt.

Hingabe und Wille zur Heilung bilden die tragende Kraft für unsere Heilung. Sobald wir aus tiefstem Herzen den Vorsatz zu unserer Heilung gefaßt haben, hat diese schon begonnen. Dann brauchen wir nur noch herauszufinden, welche Wege sich am besten für uns eignen.

- *Eingeständnis* heißt, die Wahrheit einzulassen; sich einzugestehen, süchtig zu sein und daß diese Sucht heilbar ist. Sich einzugestehen, daß wir nicht alle Antworten wissen und daher vieles durchleben müssen, anstatt es uns bloß ›vorzustellen‹ oder ›auszudenken‹.
- *Erlaubnis* heißt zulassen, daß Gott und das unserem Körper innewohnende Wissen die Heilung bewirken. Zulassen, daß

wir die benötigte Hilfe bekommen. Sich überlassen an etwas, was größer und fähiger ist als unser kleines Ego.

- *Loslassen* ist Verzicht auf jede Art von Kontrolle. Distanzierung vom Zwang, alles verstehen zu müssen. Es bedeutet, sich der echten Wahrheit auszuliefern und nicht einer Wahrheit, die wir selbst zu konstruieren versucht haben.
- *Empfinden* heißt, unser Nervensystem nicht daran zu hindern, was auch immer wahrzunehmen. Empfindungen wahrzunehmen ist unser natürlicher Seinszustand; sich bewegen, berühren, atmen und zulassen, daß der Körper wieder lernt, alle seine Sinne zu gebrauchen.
- *Akzeptieren* bedeutet, die Wirklichkeit in ihrer Gesamtheit aufzunehmen und nichts zurückzuweisen oder abzulehnen. Allem Bedeutung beizumessen, was uns das Leben bringt.
- *Hingabe* bedeutet, Gott bzw. unserem göttlichen Selbst die Erlaubnis zur Führung zu geben und zu vertrauen, daß es uns das bescheren wird, was wir brauchen. Es bedeutet ferner, Freiheit als neue und selbstgewählte Wirklichkeit anzunehmen. Es bedeutet, uns selbst die Möglichkeit zu geben, wahre Freiheit kennenzulernen.
- *Neue Grundsätze finden*. Die alten verhärteten Grundsätze auflösen und neue schaffen, die unsere Wirklichkeit und unsere Möglichkeiten erweitern.
- *Wirklichkeitserfahrung* bedeutet, die ganze Welt einzulassen und sich vor keiner Wirklichkeit oder Erfahrung zu verstecken.

Subtilere Süchte

Wir haben die Fähigkeit, süchtige Verhaltensweisen auszubilden, die oberflächlich betrachtet ganz in Ordnung zu sein scheinen. Es sind Süchte, die uns von den Eltern, der Gesellschaft oder der Religion angezüchtet wurden. Manche Süchte scheinen so in unseren Neuronen verankert zu sein, als ob sie genetisch bedingt wären. Doch wir haben die Kraft, sie zu heilen. Setzen wir daher unsere Entdeckungsreise fort, um uns die subtileren Suchtformen anzusehen.

Feiertagssüchte

Oft kommt unser süchtiges Verhalten nur zu den Feiertagen zum Vorschein. Viele Menschen, die aufgehört haben zu trinken, zu rauchen, Fleisch oder Süßigkeiten zu essen, haben zu Weihnachten plötzlich ein Glas Wein in der Hand oder stellen erstaunt fest, daß sie ihren Teller mit Süßigkeiten beladen haben. Natürlich würde es niemandem einfallen, sie dafür zu tadeln, doch sie können es selbst als Warnung ansehen, daß sie noch immer nicht über den Berg sind. Solche mit familiären Zusammenkünften verbundenen Festtage weisen noch dazu meistens erheblichen emotionalen Zündstoff auf, der sich im Laufe der Jahre angesammelt hat und bei diesen Gelegenheiten gerne auftaucht.

Zusätzlich sind Familienrituale damit belastet, daß jedermann erwartet, daß wir uns so wie immer benehmen. Und wenn das bedeutet, daß alle sich gemeinsam betrinken, dann bedarf es großen Muts, dieses Verhaltensmuster zu durchbrechen, was unweigerlich eine Szene heraufbeschwören wird oder doch zumindest unangenehme Gefühle.

Wenn wir uns unserer Heilung verschrieben haben, bleibt uns nur die Wahl, solche Feste zu meiden oder daran teilzunehmen, ohne mitzumachen, um unseren Gefühlen nachzuspüren. Letzteres kann zu einer Heilung von einer tieferen Ebene her führen, als wir sie je zuvor erreicht haben. Wenn wir unser Nervensystem von seiner Sucht nach Feiertagsritualen heilen, so ist dies eine Heilung, die sich auf die tieferen psychischen und emotionalen Schichten der Süchtigkeit erstreckt. Das bloße Eingeständnis ihrer Existenz führt bereits zu einer Stärkung unseres Nervensystems.

Emotionssucht

Wir sind oft von gewissen Emotionen ebenso stark abhängig wie von gewissen Sustanzen. Hysteriker sind emotionssüchtig. Unsere Emotionssucht hat uns oft die ersehnte Aufmerksamkeit gebracht und ebensooft aus Schwierigkeiten herausgeholfen, indem es uns gelang, unsere Umwelt durch die extreme Zurschaustellung unserer Gefühle zu manipulieren. Wir verfügen auch über einfachere Mittel, um unsere Emotionalität auszudrücken. Dies läßt sich am Beispiel der Furcht nachweisen. Wie oft am Tag hören Sie sich selber sagen, wenn Sie darauf achten: »Ich fürchte, ...«? Stellen Sie sich auf die Probe, um herauszufinden, wie oft Sie das Wort ›Angst‹ oder ›fürchten‹ täglich verwenden. Kommt es ein- oder zweimal am Tag in einem Satz vor oder fast in jedem längeren Absatz? Wie oft haben Sie schon bemerkt, daß in Ihrer Stimme Furcht mitschwingt? Das Vorhandensein von Angst oder Furcht ist mit einer besonderen Energie verbunden und bewirkt sogar die Ausschüttung bestimmter Hormone. Ist es möglich, daß uns dieser durch die Furcht ausgelöste Nervenreiz gefällt? Kann es sein, daß wir unsere Furcht dazu benutzen, uns und unser Leben einzuschränken? Wenn wir uns davor fürchten, etwas zu unternehmen, so werden wir es aller Wahrscheinlichkeit nach unterlassen. Furcht kann in Erregung umschlagen, und das ist gleichfalls ein mächtiger Energiestoß. Im Endeffekt ist die Wirkung auf unsere Adrenalindrüsen dieselbe: Sie brennen aus. Wenn ›Ich fürchte...‹ ein regelmäßiger Bestandteil Ihres Vokabulars ist, sollten Sie versuchen herauszufinden, wie Sie sich von dieser Sucht befreien können. Gehen Sie die etwas früher in diesem Kapitel erwähnten Fragen nochmals durch, und setzen Sie anstelle von ›Sucht‹ oder ›Verhalten‹ das Wort ›Furcht‹. Versuchen Sie herauszufinden, was Furcht in Ihnen bewirkt.

Schuld und Scham sind das ›schmutzige Duo‹ der emotionalen Süchtigkeit. John Bradshaw leistet hervorragende Arbeit auf diesem Gebiet. Er glaubt, daß Schamgefühle zu den am häufigsten anzutreffenden Suchtmechanismen zählen und von unserer Gesellschaft als höchst wirksame und zerstörerische Kontrollmittel eingesetzt werden. Es ist hart, in einer auf Scham aufgebauten Wirklichkeit zu leben, und dies nicht zu tun ist in unserer westlichen Kultur nahezu unmöglich. Scham scheint wie die Erbsünde zu sein. Sie pflanzt sich mit dem weltanschaulichen System, in das wir hineingeboren wurden, fort. Unsere Väter und Mütter sind mit Schamgefühlen beladen, die sie von ihren Eltern übernommen haben, doch selbst wenn wir uns unser ganzes Leben lang gegen ihre altmodischen Moralvorstellungen aufgelehnt haben, tragen wir irgendwo in unserem Nervensystem Ablagerungen von Scham, bis wir diese entdecken und bewußt freisetzen. Es gibt kulturbedingte Schamgefühle, wie sie zum Beispiel bei vielen Deutschen aufgrund der Ereignisse während des Hitlerregimes anzutreffen sind. Es gibt geschlechtsbedingte Scham – Männer schämen sich, weil sie aggressiv sind, und Frauen, weil sie verführerisch sind. Alle diese Schamgefühle sind durch das Urteil bedingt, das sich irgend jemand anmaßt und dann benutzt, um zu bestrafen und Macht auszuüben.

Schuldgefühle gehören zu den nutzlosesten Emotionen, die es gibt. Sie dienen nur dem Zweck, daß sich irgend jemand schlecht vorkommt. Sie haben keine andere Funktion, als Leiden zu induzieren. Es gibt unzählige Witze über die jüdische Mutter, die Mann und Kindern Schuldgefühle einflößt und deren Leben ruiniert. Das ist nur eine Karikatur einer sehr realen und rachsüchtigen Emotion. Was veranlaßt uns, dabei mitzuspielen? Warum setzen wir uns bewußt diesem Schmerz aus?

Schuld- und Schamgefühle haben wir, um uns für Taten zu bestrafen, die wir entweder tatsächlich begangen oder auch bloß erwogen haben. Selbst wenn wir uns unser ganzes Leben lang ziemlich gut benommen haben, hegen wir tief in unserem Inneren irgendwo die Überzeugung, daß wir vielleicht doch nicht wirklich gut, gerecht oder am richtigen Platz, wo wir hingehören, sind. Irgendwo ist immer die Bereitschaft da, über uns selbst zu urteilen und zu richten, was den Schuld- und Schamgefühlen Tür und Tor öffnet, so daß wir süchtig werden nach den Zyklen, die sie erzeugen.

Eine von Schuldgefühlen abhängige Person wird oft Dinge sagen wie: »Hör auf mit deinen Schuldzuweisungen!«, um die Verantwortung für die selbst induzierten Gefühle auf andere abzuwälzen. Wenn jemand tatsächlich Schuldzuweisungen offen oder versteckt ausspricht, kann man ihn natürlich zu Recht darauf hinweisen. Nach Schuldgefühlen Süchtige weisen aber oft darauf hin, wenn gar kein Grund dazu besteht. Andererseits kann es geschehen, daß bei der Arbeit an dieser Sucht der Eindruck entsteht, man würde von allen Seiten mit Schuldzuweisungen und Vorwürfen überhäuft werden. Sie scheinen aus allen Poren zu dringen wie der Alkohol- oder Tabakgeruch, der denen, die erst kürzlich zu trinken oder zu rauchen aufgehört haben, noch immer anhaftet. Zwar können wir sie weder sehen noch riechen, doch wenn wir auf die Worte achten, können wir sie sehr wohl hören. »Meine Mutter richtet es so ein, daß ich mich immer schuldig fühle!« jammert die Tochter und frönt ihrer Sucht. Die Reaktion auf Schuld- und Schamgefühle besteht oft darin, sie einfach an den nächsten Süchtigen weiterzugeben, der sie auch meistens annehmen wird. Und so geht es weiter.

Was bringt uns diese besondere Art von Sucht? Wenn wir uns schämen und uns schuldig fühlen, passen wir besser in unsere Welt, denn allen anderen geht es genauso. Das ist noch nicht alles, doch wir werden später mehr darüber hören. Vorläufig genügt es zu wissen, daß Schuld- und Schamgefühle kulturbedingte emotionale Süchte sind und das Produkt einer Gesellschaft darstellen, die ihre Wahrheit zu lange schon verleugnet hat und sich deswegen unbewußt selbst bestraft.

Normsucht

Eine weitere subtile Sucht ist die Sucht nach Verhaltensnormen. Ob es darum geht, sich so ›normal‹ wie Meiers nebenan zu verhalten, oder darum, ein ganz ›normaler‹ Schüler zu sein, die Gesellschaft fördert unseren Hang zur Normalität. Wer bestimmt, was normal ist, ist zwar ein Mysterium, aber die jeweiligen Modeströmungen und Trends werden sklavisch befolgt. Selbst wenn wir beschlossen haben, ein Leben außerhalb der gesellschaftlichen Normen zu führen, wird unser Lebensstil dennoch meistens von einer gewissen Norm geprägt. Jedes Verhalten, das zur Gewohnheit wird, gleitet ab in die Normalität, und diese kann ebenso begrenzend sein wie Furcht und ebenso zerstörerisch wie Schuldgefühle. Für kein Tier, ob zwei- oder vierbeinig, ist es normal, dieselbe Sache den ganzen Tag lang jeden Tag zu machen. Es ist nicht natürlich, daß Menschen ihre

Gefühle verleugnen und vorgeben, keine zu haben. Aber viele von uns leben auf diese Weise und halten ein solches Leben für natürlich und normal. Ich erinnere mich noch sehr gut an einige Jahre dauernde Phase meines Lebens, in der ich dem Lebensstil einer Künstlerin huldigte, als eines Tages mein kleiner Sohn zu mir kam und sagte: »Ich wollte, du wärest normal!« Ich führte ein Leben am Rande der Gesellschaft und fühlte mich durch diesen Ausspruch sehr geschmeichelt. Wenn ich jetzt zurückblicke, merke ich, wie ›normal‹ dieser Lebensstil in Wirklichkeit für mich geworden war und wie süchtig ich danach war. In ein bestimmtes Lebensschema zu verfallen kann großen Schaden anrichten. Die Sucht nach ›Normalität‹ wird fast jede Veränderung verhindern, und wenn sich nichts verändert, werden wir zu Schlafwandlern und wachen nie wieder auf. Nur Gott oder eine Naturkatastrophe größeren Ausmaßes können uns aus der Droge ›Normalität‹ wachrütteln. Sie ist bequem und sicher, und sei es auch nur darum, weil wir uns dafür entschieden haben. Sie gehört zu den gefährlichsten und subtilsten Süchten, denn sie bildet die Grundlage für alle anderen. Sie ist ein guter Nährboden für alle unsere Schwächen, der sie blühen und gedeihen läßt. Wenn wir schlafend durch unser normales Leben gehen, errichten wir eine Mauer gegen die unvermeidlichen Schmerzen und Leiden. Wenn wir beschließen, aufzuwachen, und beginnen, Fragen zu stellen und Veränderungen vorzunehmen, müssen wir uns von unserer Sucht nach Normalität sofort heilen, ansonsten haben wir wenig Aussicht auf Erfolg. Ein Leben nach vorgegebenen Bahnen wird dann einem Leben weichen müssen, das der Wirklichkeit entspricht und unerwartet, aufregend und sicher zugleich ist.

Die Sucht, ›am Ziel zu sein‹

Unter den spirituellen Gruppen, die der New-Age-Bewegung angehören, ist ein sehr gefährlicher Glaube entstanden, der sich schnell zu einer Sucht entwickelt hat: der Glaube bzw. die Sucht, am Ziel zu sein. Sie haben den vollkommenen Guru gefunden oder die perfekte Meditation, die sie regelmäßig durchführen. Manche sind bereits über jede Art von Disziplin erhaben und existieren in einem Zustand, der ihrer Meinung nach an Erleuchtung grenzt. Sie haben einen weiten Weg hinter sich und können es sich erlauben, einige ihrer alten Gepflogenheiten wie Wein zu den Mahlzeiten etc. wieder aufzunehmen. Christina Grof hat es sich zur Aufgabe gemacht, auf den blinden Fleck zu verweisen, der sich im Gewahrsam dieser spirituellen Adepten breitmacht. Es besteht wenig Unterschied zwischen der Sucht, am Ziel zu sein, und der noch vor wenigen Jahren grassierenden Sucht nach neuen Wegen. Wer glaubt, daß er nur mehr jeden Tag sein Mantra genügend oft aufzusagen braucht, ist süchtig. Er oder sie ist wieder eingeschlafen!

Die Sucht nach Sicherheit

Viele Kulturen werden von einem starken Bedürfnis nach Sicherheit beherrscht. Sich sicher zu fühlen ist in der Tat ein völlig normales Bedürfnis und keine Sucht, doch wenn es uns daran hindert, ein fröhliches und aufregendes Leben zu führen, sind wir süchtig. Ich habe eine Freundin, die vor einigen Jahren in die Vereinigten Staaten eingewandert ist. Es gelang ihr, in einem Beruf Fuß zu fassen und eine Aufenthaltsgenehmigung zu bekommen, die es ihr ermöglichte, wie eine Bürgerin dieses Landes hier zu arbeiten und zu leben. Ihr ganzes Leben ist auf Sicherheit ausgerichtet. Zuerst arbeitete sie sehr hart, um berufliche Sicherheit zu erreichen, dann ging sie eine Beziehung ein, die ebenfalls diesem Bedürfnis diente. Als nächstes strebte sie eine sichere Altersversorgung an sowie Unfall- und Krankenschutz. Nun werden Sie vielleicht entgegnen, jeder vernünftige und verantwortungsbewußte Mensch würde sich so verhalten, und ich werde das auch gar nicht bestreiten. Aber das Maß an hektischer Aktivität, von dem ihr Leben geprägt wird, ist gewaltig, und wenn ich mit ihr zusammen bin, habe ich keinesfalls den Eindruck, sie würde ihre Errungenschaften genießen und sich sicher und zufrieden fühlen. Im Gegenteil, sie vermittelt mir das Gefühl, daß ihr das alles noch zu wenig sei. Ihr innerer Hunger ist scheinbar noch nicht gestillt. Ihr

Leben besteht nur aus Arbeit. Wann wird sie endlich genug materielle Werte und Prestige angehäuft haben, um imstande zu sein, sich zu entspannen und ihr Leben zu genießen? Ich glaube, erst dann, wenn sie erkennt, wie sehr sie nach Sicherheit süchtig ist, und beginnt, die Leere in ihrem Herzen zu heilen.

Wo und wie beginnen wir, diese subtilen Schichten der Sucht zu heilen?

Kapitel 4

Verlust von Kontroll- und Gewinn von Wahlmöglichkeiten

Das wirksamste Element in diesem Heilungsprozeß ist die Möglichkeit der Wahl. Wählen ist die Freiheit, Veränderungen durchzuführen und zu erkennen, daß Veränderungen nützlich und hilfreich sind. Wählen ist die Freiheit, von einer Erfahrung zur anderen zu wechseln. Keine Lage ist unabwendbar, denn wir haben sie selbst gewählt. Wir haben die Sucht gewählt, nun können wir etwas anderes wählen.

Wählen ist ein magisches Wort. Es ist die Sprache des Unterbewußtseins. Wenn wir uns die Möglichkeit zur Wahl geben, können wir jede beliebige Richtung einschlagen. Wir sind durch nichts begrenzt. Wir sind fähig, jeden nur faßbaren Gedanken zu hegen und jede Idee als möglich anzunehmen. Wenn ich jetzt das eine wähle, dann weiß mein Unterbewußtsein automatisch, daß ich später das Gegenteil wählen kann. Dies ist eine wertvolle Hilfe, um Veränderungen durchzuführen, ohne das Meer der Gefühle unnötig aufzuwühlen. Wenn wir wählen, anstatt zu fordern oder zu entscheiden, stoßen wir auf weniger Widerstand. Forderungen oder Entscheidungen sind harte Worte, auf die der rebellische Teil unserer Natur gerne mit Auflehnung oder glatter Verweigerung der Mitarbeit reagiert. Als wir lernten, in der modernen Welt zu überleben, gaben wir unser natürliches Recht zu wählen auf, da bereits für alles Regeln vorhanden waren, von denen zwar einige für das Überleben wichtig waren, die meisten jedoch bloß für die Bedürfnisse der Gesellschaft und nicht für unsere eigenen geschaffen worden waren. Entscheidungen werden vom Verstand getroffen und sind daher in ihrer Wirksamkeit begrenzt. Sie erhalten nur von einem kleinen Teil unseres Wesens Energie und verkörpern daher nur einen winzigen Teil unseres Verlangens nach Veränderung. Wählen ist ein Gesamtprozeß, an dem Unterbewußtsein und Bewußtsein in gleicher Weise beteiligt sind und das auch die Absichten des Emotionskörpers mit einschließt. Wählen heißt, auf jede Handlung Einfluß zu nehmen, so daß sie jederzeit blitzschnell geändert werden kann.

Wir haben unseren süchtigen Lebensstil selbst gewählt und haben daher letztlich auch die Wahl, ihm wieder zu entsagen. Aufgrund unserer bisherigen Wahl haben die Erde und unser Leben Schaden genommen. Doch wir sind noch hier und haben die Gelegenheit, in den letzten Jahren vor Anbruch des neuen Jahrtausends auf positive und wirksame Weise wählen zu lernen. Wenn es uns gelingt, unseren Emotionskörper von seinen qualvollen Verstrickungen zu heilen, können wir eine Lebensstruktur wählen, die es uns ermöglicht, mit echtem Verständnis für wahre Freiheit ins kommende Jahrtausend einzutreten. Der jetzige Zyklus unserer Evolution sieht ein solches Verständnis und ein Leben nach freier Wahl vor.

Wenn wir die Freiheit in uns wählen lernen, brauchen wir keine Regierungen mehr, die unsere Freiheit schützen. Um zu dieser Wahl und der damit verbundenen Weisheit zu kommen, müssen wir die alten Kontrollmechanismen aufgeben. Das heißt, wir müssen unserem Bedürfnis nach Kontrolle entsagen. Auf jede Art von Kontrolle zu verzichten — ist das nicht gefährlich? Kontrolle selbst ist ein risikoreiches und tödliches Geschäft, und unsere Welt lechzt danach, so daß unsere wahre Natur zum Durchbruch kommen kann.

Daß Herrschsucht oft das Gegenteil bewirkt, soll das folgende Beispiel zeigen:

Ich nahm vor kurzem an einem Seminar teil, um eine bestimmte Heilmethode zu erlernen. Unsere Lehrerin hatte bestimmte spirituelle Überzeugungen und einen strengen Meister, den sie verehrte. Sie verfügte über eine Menge wertvollen Materials bezüglich der Heilmethode, die sie uns vermitteln wollte, und wir waren alle begierig, den Prozeß zu lernen und zu beginnen, ihn anzuwenden. Das Seminar war jedoch so aufgebaut, daß mehrere Stunden täglich einem Vortrag über die Lehren ihres Meisters gewidmet waren, den niemand von uns Schülern kannte. Jeder von uns hatte ihren oder seinen eigenen Lehrer oder spirituellen Weg, und es hatte daher niemand die Absicht, zu ihrem spirituellen Training überzuwechseln. Sie hatte für die sechswöchige Dauer des Seminars einen lückenlosen Zeitplan erstellt, der entweder Yoga, Vortrag oder manchmal das Erlernen der Heilmethode vorsah. Sie hatte beschlossen, uns zu spirituellen Kriegerinnen – denn für eine solche hielt sie sich – zu machen, denn nur dann waren wir ihrer Meinung nach imstande, ›die Arbeit‹ anständig zu verrichten. In ihren Augen verfügte niemand von uns über Erfahrungen, die diesem Prozeß gleichwertig waren. Sie hatte jeden Moment unseres Lebens und den Prozeß in einer solchen Weise geplant, daß wir ihre Gefangenen waren. Die meisten von uns rebellierten. Aber diese Rebellion ist nicht der springende Punkt. Der springende Punkt ist, daß sie innerhalb dieser Periode von sechs Wochen die meiste Zeit dazu benutzte, zu versuchen, die Gedanken, Gefühle, ja selbst die Eß- und Schlafgewohnheiten erwachsener Frauen zu kontrollieren. Zum Glück waren wir einzeln und gemeinsam stark genug, um Widerstand zu leisten und beharrlich nach dem zu fragen, weswegen wir gekommen waren. Wir hatten eine Zeit gemeinsamer Arbeit und warmherziger Unterstützung unter Frauen, die das gleiche Ziel haben, erwartet und mußten die meiste Zeit dafür aufwenden, uns von den Gefühlen des Zorns und des Ärgers zu reinigen und zu heilen, die durch die Herrschsucht der Lehrerin verursacht wurden. Die gesamte Ausbildung litt unter ihrer Sucht. Sowohl ihr Egoismus als auch unsere eigenen Probleme kamen voll ans Licht, doch nicht auf sanfte, förderliche, sondern auf zerstörerische Weise. Wir hatten zwar neue Kenntnisse und Fertigkeiten erworben, doch wir verließen das Seminar ziemlich erschöpft und ausgelaugt, weil wir einen täglichen Kampf gegen den übermächtigen Wunsch, andere zu kontrollieren, geführt hatten. Ich brauchte einige Tage, um meine Gefühle zu ordnen, denn die Haltung der Lehrerin, ihre Unfähigkeit, nachzugeben und unserer Intention zu vertrauen, hatte auf den gesamten Prozeß abgefärbt. Schließlich wurde mir der Wert dieser Arbeit bewußt, und ich erkannte, daß dieser Lernprozeß über das bloße Erlernen einer Technik hinausgegangen war. Wir hatten einen langen Blick in einen Spiegel geworfen, der uns die eigenen Kontrollmechanismen aufzeigte. Wir hatten gesehen und erlebt, was Herrschsucht in höchster Potenz sein kann.

Nach dem Seminar war ich einige Wochen lang damit beschäftigt, mir die eigenen Kontrollmechanismen näher anzusehen und mich mit ihnen auseinanderzusetzen. Sie machen sich schon beim geringfügigsten Anlaß bemerkbar, und ich habe schließlich begriffen, daß sie eigentliche Überlebensstrategien sind. Wenn wir früh genug lernen, uns selbst zu kontrollieren und dann unsere Mitmenschen zu manipulieren und zu beherrschen, gelangen wir schneller an die Spitze der Überlebenspyramide. Doch auch hier müssen wir ständig weiterkämpfen, um die mühsam erworbene Position und die Illusion der Macht zu wahren. Niemand lebt gern in einer solchen Umwelt oder setzt sich freiwillig ihrem Streß aus.

Die Sucht, sich und andere zu beherrschen, läßt sich fast in jedem Leben nachweisen. Vielen Menschen erscheint es als der beste Weg, um sich in einer gefährlichen und feindseligen Welt durchzuschlagen. Wenn es ihnen gelingt, an die Spitze zu kommen und dort zu bleiben, dann fühlen sie sich irgendwie sicher. Doch jede Art von Kontrolle ist immer mit einem gleichwertigen Verlust an Freiheit verbunden. Freiheit bedeutet in diesem Zusammenhang, daß wir in jedem Augenblick die Wahl haben, das zu tun, was am besten für uns ist, bzw. anzuerkennen, daß unsere innere Führung weiß, was am besten ist. Diese Art von Freiheit ist nicht unbedingt mit Gefahr verbunden. Wir sind in dem Glauben erzogen worden, daß, wenn wir die Erlaubnis hätten, alles zu tun, was wir uns wünschen, wir mit Sicherheit ein Chaos verursachen und daß Angst und Schrecken herrschen würden. Das hat dazu geführt, daß wir uns vor totaler Freiheit fürchten. Dies ist aber nur dem Umstand zuzuschreiben, daß wir in der Vergangenheit unter Freiheit die Handlungen von Menschen mit schwer geschädigtem Emotionskörper verstanden haben, die in Wirklichkeit nur eine Reaktion auf ihr innerliches Gefangenendasein waren.

Wer sich selbst vollkommen unter Kontrolle hält und daher auch alle anderen in seinem Leben zu kontrollieren versucht, ist von der Quelle abgeschnitten. Er steht unter einem Zwang, der durch große Furcht verursacht wird, die ihrerseits auf einem Mangel an Glauben und Vertrauen beruht. Er ist nicht fähig, die Verbindung zu seinem inneren Wissen und seiner inneren Führung zu erleben. Sein Programm ist veraltet und nicht sehr wirksam.

Warum gilt es jeder Art von Kontrolle zu entsagen? Kontrolle, besonders aber die Sucht, unsere Gefühle zu kontrollieren, kann zur Katastrophe werden. Das Kontrollieren der natürlichen Gefühle ist die stärkste Form von Selbstverleugnung und führt zur Abstumpfung. Von dieser Abstumpfung sind nicht nur alle zukünftigen Erfahrungen betroffen, sondern auch die Erinnerung an die vergangenen. Wenn wir unser Nervensystem zur Abschottung erzogen haben, so daß es den auftauchenden Gefühlen keine Beachtung schenkt, tritt ein ›kleiner Tod‹ ein, der mit jeder neuerlichen Unterdrückung und Verleugnung zunimmt. Das allein ist schon Grund genug zu lernen, auf Kontrolle bewußt zu verzichten.

Machen wir uns bewußt, was es heißt, auf Kontrolle zu verzichten. Die alten spirituellen Texte sprechen alle von Hingabe. Fälschlicherweise wird dies oft so gedeutet, als ob eine Kraft, die stärker ist als wir, uns verschlingen würde oder als ob wir dadurch alles, was wir haben oder uns wünschen, verlieren würden. Manchmal verstehen wir unter Hingabe auch, auf Gnade oder Ungnade einer Macht ausgeliefert zu sein, die größer ist als wir und die uns keine Wahl läßt. Dies ist eine sehr begrenzte Auffassung von Hingabe, denn Hingabe bedeutet, unser zwanghaftes Kontrollbedürfnis aufzugeben, um Gott in unserem Inneren Gelegenheit zu bieten, uns zu lenken und zu führen. Wenn wir uns von unserer inneren Führung leiten lassen, kann es sein, daß wir automatisch das wählen, was wir für ein harmonisches Leben brauchen, da unsere Wahl auf Vertrauen und Wissen beruht statt auf Angst und einem zwanghaften Kontrollbedürfnis.

Dieser Prozeß des Loslassens hat zur Folge, daß unser Leben tatsächlich harmonischer wird. Wir werden von einer Kraft geleitet, die stärker ist als unser Ego. Zwar mag es äußerlich den Eindruck erwecken, als ob wir uns stärker unter Kontrolle hätten als zuvor, da wir jetzt ohne Alkohol oder Zigarette auskommen können, doch müssen wir uns nicht ›beherrschen‹, sondern führen ein Leben, das auf Freiheit beruht, weil unsere Sucht geheilt ist. Ein Außenstehender wird vielleicht glauben, daß dieser Prozeß ihm zu mehr Kontrolle über sich verhelfen kann, doch er täuscht sich. Nur totales Loslassen verhindert, daß unser unterdrücktes Verlangen sich durch die Hintertür wieder einschleicht. Und was am Ende dieses Prozesses kommt, ist viel begehrenswerter und lohnender als jede Art von Kontrolle. Loslassen ist vertrauen in Gott, die Quelle, das Selbst und die Intention der Seele.

Welchen Haken hat jede Form von Kontrolle? Entweder kämpft man, um sich unter Kontrolle zu haben, oder man gerät außer Kontrolle. Weder der eine noch der andere Aspekt stellt eine glückliche Wahl für einen gesunden Menschen dar. Gerade vor dem letzteren Aspekt fürchten wir uns oft, wenn es um Hingabe geht. Unser Eigendünkel muß fallen, um der Vorstellung Platz zu machen, daß nicht das Ego, sondern ein anderer Aspekt des Selbst den richtigen Weg wählen kann.

Selbstmitleid muß sich in Selbstbemühung verwandeln, die aus der Tiefe unseres Wesens kommt. Eigendünkel und Selbstmitleid zählen zu unseren Kontrollmechanismen, mit denen wir andere manipulieren und eine Umwelt schaffen, in der wir entweder in der einen oder in der anderen Rolle ›Erfolg‹ haben. Sie bilden einen Bestandteil unserer Anschauungen über Gott und die Welt sowie der ›Hackordnung‹ innerhalb unserer Gesellschaft. Unsere Stellung innerhalb derselben hängt davon ab, welche Rolle wir wählen, von der wir uns dann kontrollieren lassen.

Wir können in jedem Augenblick unseres Lebens wählen. Wir haben die Wahl, bei unserer Sucht zu bleiben oder uns zu ändern. Wenn wir unsere Sucht wählen, können wir dies bewußt oder unbewußt tun. Wenn wir wirklich zu spüren beginnen, welche Energie diese Möglichkeit zur Wahl birgt, können wir unsere Gedanken und Anschauungen in jede Richtung lenken. Wenn die Wahl aber immer an uns liegt, dann müssen wir unsere Opferrolle aufgeben, weil niemand anders als wir selbst unsere Handlungen kontrolliert. Die Möglichkeit zur Wahl und ein gesunder Emotionskörper werden dafür sorgen, daß wir mit dem, was wir haben, zufrieden sind.

Das Recht zu wählen liegt in unserer Natur. Es begleitet uns von Geburt an, so wie unser freier Wille. Unser freier Wille hat uns in die Falle der Sucht geführt, denn wir können mit gleicher Leichtigkeit Dinge wählen, die gut für uns sind, und Dinge, die weniger gut für uns sind. Es liegt im Bereich unserer Wahlmöglichkeiten, den eigenen Tod oder die eigene Göttlichkeit zu wählen und somit auch zu bewirken. Es ist zum Teil unsere starke menschliche Neugier, die uns anspornt, Dunkelheit anstelle von Licht zu wählen. Doch hinter dieser Neugier ist der Hunger — der tiefe innere Hunger, der nach Erfüllung schreit. Dieser Hunger ist durch unsere Trennung von Gott bzw. unserem Selbst entstanden und wird von unseren Ängsten und Gewohnheiten genährt.

Somit wird der Verzicht auf Kontrolle zur Übung im Vertrauen. Wo finden wir das Vertrauen loszulassen? Auf wen oder was vertrauen wir? Viele von uns haben große Angst, im Stich gelassen zu werden und an diesem unersättlichen Hunger zu sterben. Der Weg, der zurück zum Vertrauen führt, besteht darin, den Mut und die Kraft zu finden, ein bestimmtes Risiko auf sich zu nehmen, damit wir unserem Nervensystem die positiven Erfahrungen verschaffen, die es auf dem Gebiet des Vertrauens braucht. Diese Erfahrungen werden unsere verstockten und verschreckten Gefühle in Fluß bringen und uns erkennen lassen, daß Vertrauen Gutes mit sich bringt. Nach einer Weile werden wir dann unbewußt zu vertrauen beginnen. Wir werden den Unterschied verstehen lernen zwischen blindem Vertrauen und jener Art von Vertrauen, die durch das alte Sufi-Sprichwort »Vertraue auf Gott und binde dein Kamel an!« beschrieben wird. Das Vertrauen, um das es hier geht, verbindet uns mit Gott, bringt uns zur Wahrheit und erfüllt uns mit der Lebenskraft der Liebe, in der alles enthalten ist. All dies wird bewirkt durch unser bewußtes Wählen, unser eigenes Bemühen und durch Entscheidungen, die aus der Tiefe unseres Herzens kommen.

Aber aus einem gesunden und lebendigen Herzen und nicht aus einem, das niedergedrückt ist oder schläft. Aus einem Herzen, in dem starke Gefühle wohnen, die unsere innere Wahrheit verkörpern.

Intention

Absicht bzw. Intention ist die Verwirklichung der Wahl. Intention ist die Bewegung, die unser Wille zwischen Wählen und Handeln ausführt. Sie ist die Kraft, die hinter unserem Handeln steht, und die Vereinigung all unserer Wünsche. Intention geschieht, sie ist ein Resultat des Loslassens. Wir haben in unserem Leben die Möglichkeit, aus unserer Intention heraus zu wirken; wir können unsere Ängste, Überzeugungen, Gewohnheiten, kulturbedingten Verhaltensweisen, familiären Prägungen und auf gegenseitiger Abhängigkeit beruhenden Beziehungen überwinden und zur Wahrheit gelangen. Intention ist das Sammeln unserer Wahrheit, unserer Energie, unseres Willens und unseres Verlangens zu einer kraftvollen und richtigen Handlungsweise. Sie kann bewirken, daß wir aus dem Bereich des Alltäglichen heraustreten und in außergewöhnliche Wirklichkeiten eintreten. Diese Wirklichkeiten können manchmal den Eindruck veränderter Bewußtseinszustände hervorrufen, doch handelt es sich dabei einfach um Momente erhöhter Wahrnehmungsfähigkeit. Wenn wir das Höchste und Beste für uns beabsichtigen, werden wir feststellen, daß die uns zur Wahl stehenden Möglichkeiten vollkommen ungewöhnlich sind. Wenn wir zum Beispiel nach einem Weg suchen, der uns wie gewohnt aus einer Lage heraushelfen soll, und unsere Intention ist klar und zielgerichtet genug, werden wir entdecken, daß uns Möglichkeiten zur Verfügung stehen, die unsere kühnsten Erwartungen übertreffen. Intention ist mehr, als einfach zu entscheiden und seiner Entscheidung treu zu bleiben, sie ist mehr als bloße Willensstärke, sie ist ein Verschmelzen unserer tiefsten Erkenntnisse, Wünsche und Fähigkeiten.

Intention entspringt den Tiefen unseres Bewußtseins mit umfassenderem Wissen als dem unseres Verstandes. Sie führt uns in den Bereich der Natürlichkeit und entbindet uns der Notwendigkeit, um Kontrolle oder Besserung unserer Angewohnheiten zu ringen. Sie ist einfach die Art und Weise, wie wir ein Leben ohne Sucht führen können. Wir beabsichtigen, die Sucht zu überwinden, und tun es. Wir beabsichtigen zu lernen, positiv zu wählen, und wir tun es. Wir beabsichtigen etwas, und wir tun es. *Intention ist die Kraft, die unserer Wahl Form und Richtung gibt.* Sie bringt eine Makellosigkeit mit sich, die neu und vital ist. Sie potenziert unser Leben und verhilft ihm zu ungewöhnlicher Intensität.

Aus ›Die Kraft der Stille‹ von Carlos Castaneda:
- »Intention ist die Kraft, die Dinge verändern, neu ordnen oder so belassen kann, wie sie sind.«
- »Intention ist die Kraft, die alles durchdringt.«

Möglicherweise ist es die Intention der Pappel, die ihre Blätter gelb färbt, und die Intention des Fötus, die zu seiner Geburt führt. Die Intention der Raupe besteht darin, ein Schmetterling zu werden. Die Intention scheint die Energie zu sein, die der richtigen Handlung zugrunde liegt.

Wenn wir die Intention zu den anderen Fertigkeiten, die wir für die Heilung der Sucht anzuwenden lernen, hinzufügen, steht uns eine Reihe von Werkzeugen zur Verfügung, deren Kraft und Potential sehr groß ist. Um unsere Gefühle, die den größten Teil unseres Lebens unbeweglich und fast tot waren, wieder in Fluß zu bringen, bedarf es unserer Intention, die uns die Fähigkeit gibt, aufzustehen und zu handeln. Nur durch unsere Intention ist es möglich, daß wir den weiten Weg zurücklegen, der in den dunklen, ängstlichen oder zornigen Teil von uns führt, um in seinen Tiefen zu stöbern. Intention kann mit einem neuen Rückgrat verglichen werden. Mut und Ausdauer, die wir brauchen, um uns in diese unergründeten Gewässer vorzuwagen, kommen von der Erfahrung, daß wir im Kern genug Stärke haben, dies zu tun. Nur unsere Intention kann uns in diesen Gewässern führen, sie ist zugleich unser Wegweiser und unsere Kraft.

Auf welche Weise können wir daher Intention entwickeln?

Eigentlich kann man nicht von einer Entwicklung sprechen, sondern eher von einer Entdeckung, denn Intention ist eine uns allen innewohnende Eigenschaft, die die wahre Verbindung zu unserem göttlichen Selbst oder der höchsten Intelligenz darstellt. Sie kommt aus unserem innersten Kern, der mit Gott verbunden ist, gleichgültig, ob wir die Existenz Gottes anerkennen oder nicht. Denn dies ist unsere Verbindung zum Leben selbst und zur Energie der Lebenskraft, die unser Wesen durchdringt, bis wir unseren Körper verlassen. Dann wird sie ein Teil der Seele und begibt sich in deren Dimension. Deshalb sind wir nie ohne Intention, wir sind uns ihrer aber oft nicht bewußt, was unser größtes Problem ist. Doch wir können allein dadurch, daß wir uns für die Natur und die Existenz der Intention zu interessieren beginnen, das Band neu knüpfen. Indem wir den Bereich der Intention erforschen, werden wir ihren wahren Wert erfahren. Unsere Intention kann Dinge geschehen lassen und gibt uns die Möglichkeit, von dem uns gewohnten Bereich alltäglichen Verhaltens in den Bereich der Meisterschaft zu gelangen. In diesem Bereich können wir lernen, unseren inneren Hunger zu heilen, um innerlich ganz zu werden. Nur im Bereich der Intention bewirken unsere Handlungen dauerhafte Veränderungen. Unsere Intention kann uns mit dem Universum vereinen; bloß daran zu denken oder es zu beschließen heißt nur, mit dieser Möglichkeit zu spielen. Sie sorgt für die Informationen und Entscheidungen, die es möglich machen, das Universum tatsächlich zu erfahren.

Um diese Ideen bei der Arbeit an Ihrer Sucht anzuwenden, sind die Übungen zuerst nur mit Selbstkontrolle und dann mit Intention durchzuführen. Versuchen Sie, den Unterschied wahrzunehmen! Um wieviel tiefer kommen Sie mit Hilfe der Intention? Haben Sie das Gefühl, daß die Arbeit besser vorangeht? Das Ausmaß Ihrer Heilung hängt von dem Ausmaß Ihrer Intention ab. Es bestimmt, wie weit Sie Ihre süchtigen Verhaltensweisen ablegen und zur Ganzheit gelangen können.

Die Errichtung eines Kraftspeichers

Bereits zu Beginn des Heilungsprozesses müssen wir darauf bedacht sein, unsere persönliche Kraft aufzubauen, da wir zur Heilung unserer Sucht einen unglaublichen Vorrat an Energie brauchen. Wir heilen auf allen Ebenen unseres Wesens, und wenn wir heilen, brauchen wir Kraft. Wir können auf verschiedene Art und Weise Kraft verlieren, und zwar nicht nur durch süchtige Verhaltensweisen, sondern auch durch scheinbar harmlose Praktiken. Kraft wird durch Integrität und Makellosigkeit aufgebaut und bewahrt, was sich auf alle Dinge im Leben anwenden läßt.

Was uns Kraft entzieht:
- *Wenn wir jeden Tag beim Nachhausekommen eine schmutzige und unaufgeräumte Wohnung vorfinden.*
- *Wenn wir bei jedem Verlassen des Hauses erst die Schlüssel suchen müssen.*
- *Wenn wir die Badewanne bis zum nächsten Bad schmutzig lassen.*
- *Wenn unser Bankkonto ständig überzogen ist.*
- *Wenn wir uns über alles beklagen.*
- *Wenn auf unserem Arbeitsplatz keine Ordnung herrscht.*

Was unsere Kraft aufbaut:
- *Das Gegenteil von den oben beschriebenen Verhaltensweisen.*
- *Wenn wir nicht vergessen, uns an den schönen und positiven Dingen in unserem Leben zu erfreuen.*
- *Wenn wir nicht vergessen, uns für alles zu bedanken.*
- *Lächeln, lachen.*
- *Wenn wir immer das Positive* und *das Negative sehen.*
- *Wenn wir Integrität und Makellosigkeit auf alle Dinge in unserem Leben anwenden.*

Wenn wir uns vornehmen, alle diese Kleinigkeiten, die uns im täglichen Leben Kraft entziehen, zu verändern, beginnen wir den Kraftspeicher zu füllen und haben damit genug Kraft, um größere Veränderungen in unseren süchtigen Verhaltensmustern durchzuführen. Es ist leichter, mit kleinen Veränderungen zu beginnen, und es ist zugleich eine gute Übung für das Anpacken der größeren. Die Integrität oder Makellosigkeit zu übertreiben ist nicht möglich. Es handelt sich tatsächlich um eine Art lebender Zen-Praxis und hat nichts mit der Putzsucht mancher Hausfrauen zu tun, die an nichts anderes denken können und damit einen Weg gefunden haben, auf scheinbar konstruktive Weise ihrer Sucht nachzugehen. Hinter unserer Vorgehensweise steht nicht die Energie der Sucht, sondern einfach unsere Intention. Ein erheblicher Unterschied! Versuchen Sie es. Sie werden den Unterschied spüren, den ein paar kleine Veränderungen auf dieser materiellen Ebene in Ihrem Leben ausmachen, und erkennen, wieviel persönliche Kraft Sie dadurch gewinnen.

Die richtige Zeit

Die Zeit spielt eine wichtige Rolle in unserem Heilungsprozeß. Je mehr es uns gelingt, mit unserer Aufmerksamkeit in der Gegenwart zu bleiben, desto mehr sind wir fähig, ganz bei uns selbst zu sein. Die volle Wahrnehmung jedes einzelnen Augenblicks schärft unsere Sinne und unser Bewußtsein. Wache und gesunde Sinne versorgen uns mit wahrheitsgetreuen Informationen, die es uns ermöglichen, auf unsere Welt einzugehen. Am Anfang ist es hilfreich, darauf zu vertrauen, daß unser Selbst weiß, wann die beste Zeit für eine Veränderung ist, und daß wir diesen Lern- oder Heilprozeß in keinem anderen Zeitrahmen hätten vollziehen können als in dem, in dem wir uns befinden.

»Hätte ich bloß...« – Gedanken dieser Art stellen Selbstvorwürfe dar, die uns nur aus der untadeligen Gegenwart herausreißen. Wir können das Konzept von der linearen Zeit ruhig erweitern, um die immerwährende Gegenwart zu erfassen, die viel ausgedehnter ist, als wir uns je vorgestellt haben. Zeitprobleme mindern unser Vertrauen in Gott. Die Vorstellung, es könnte eine bessere Zeit geben als die, in der wir leben, zählt zu den Mechanismen, die uns das Gefühl vermitteln, von Gott getrennt zu sein. Es schränkt die natürliche Kreativität unseres göttlichen Selbst ein, dessen Voraussicht uns gezielt in den jetzigen Augenblick hineingeführt hat. Wir sind nicht durch irgendeinen Zufall dort, wo wir jetzt sind, sondern verdanken dies unserem göttlichen Selbst, das uns äonenlang durch Zeit und Raum hierher geleitet hat. Und nun sind wir da, gerade zur richtigen Zeit, und bereit, den Schritt zu machen, der unsere

Süchte ein für allemal heilen wird. Und diese Heilung wird genau die Summe linearer Zeit in Anspruch nehmen, die erforderlich ist, um den Prozeß in Übereinstimmung mit dem Geschick unserer Seele zu vollenden.

Atmen wir die Gegenwart tief ein, um uns ihr bewußt hinzugeben und damit eine Umwelt zu schaffen, die wir brauchen, um eine Heilung bis in die tiefsten Schichten zu erzielen.

Zeit kann und wird zu unserem Verbündeten werden.

Lernen wir ein Ritual, das uns hilft, immer mehr im Hier und Jetzt zu leben:

Wählen Sie eine Zeit und einen Raum, um ungestört und unbeeinflußt von der Außenwelt zu sein, am besten in vertrauter Umgebung. Es kann Ihr Schlafzimmer, Ihr Badezimmer oder Ihr Wohnzimmer sein, wenn niemand anders zu Hause ist. Später können Sie diese Übung überall und zu jeder Zeit anwenden, doch für die ersten Male ist es vorteilhafter, wenn Sie durch nichts abgelenkt werden, damit Sie sich auf jede Zelle konzentrieren können.

Entspannen Sie sich, und atmen Sie tief ein und aus. Achten Sie auf den Luftstrom, der durch Ihre Nase ein- und ausströmt. Wie fühlt sich die Luft beim Einatmen und wie beim Ausatmen an? Bewegen sich die Härchen in Ihrer Nase unter dem Luftstrom? Verursacht der Luftstrom ein Geräusch? Ist er warm oder kalt? Schließen Sie die Augen, wenn Sie sie nicht schon geschlossen haben, und achten Sie auf diese Dinge und auch auf alle anderen Empfindungen oder Erfahrungen, die mit dem Atmen verbunden sind.

Beginnen Sie nun darauf zu achten, in welchen anderen Körperteilen sich das Atmen noch vollzieht. Auf welche Weise bewegt sich Ihre Brust? Bewegt sich nur Ihre Brust oder auch Ihr Bauch? Füllt sich zuerst Ihr Bauch oder Ihre Brust mit Luft? Sind die Bewegungen Ihres Brustkorbs gleichmäßig oder abgehackt? Wo sind die Bewegungen fließend, und wo sind sie stockend? Sie brauchen nichts zu verändern, sondern nur einfach alles wahrzunehmen, denn es geht um die Entwicklung Ihrer Wahrnehmungsfähigkeit.

Atmen Sie weiter tief ein und aus, und lenken Sie Ihre Aufmerksamkeit in Ihre Arme und Beine. Sind sie locker oder vor

Konzentration angespannt? Verändert das Ein- und Ausströmen der Luft die Lage Ihrer Arme oder Hände? Ist in Ihren Händen und Füßen Energie, oder liegen sie nur einfach da? Welche subtilen Empfindungen machen sich noch bemerkbar?

Spüren Sie, welche Wirkung die Luft in Ihrem Kopf hat. Was geschieht mit Ihren Sinnesorganen, mit Ihren Augen und Ihren Ohren, wenn Sie ein- und wenn Sie ausatmen? Spüren Sie jede Bewegung der Luft in Ihrem Körper, achten Sie auf jede Empfindung in Ihrem Körper, und nehmen Sie den Raum um ihn herum wahr.

Beginnen Sie nun Ihre Wahrnehmung auf den Raum um Sie herum auszudehnen, wobei Sie Ihre erhöhte Aufmerksamkeit beibehalten. Lassen Sie es zu, daß Sie in einem leicht veränderten Bewußtseinszustand sind, und beginnen Sie, auf die Elemente im Zimmer zu achten. Wie fühlt sich die Luft auf Ihrer Haut an? Ist ein leichter Luftzug vorhanden? Ist Licht im Raum? Wie fühlt es sich in Ihren Augen an? Nehmen Sie jede Kleinigkeit wahr.

Wie fühlen Sie sich in diesem Raum, jetzt, wo Sie stärker ›präsent‹ sind? Ist Ihnen Ihre Körperhaltung noch immer bequem genug, oder müssen Sie sie verändern?

Achten Sie darauf, ob Ihre Augen Farben oder Licht intensiver wahrnehmen. Suchen Sie sich einen Gegenstand, eine Blume oder ein Bild, das Sie gerne ansehen, und beginnen Sie, ihn mit Ihren Augen zu erforschen. Lassen Sie die täglichen Sorgen einfach fallen, indem Sie Ihre ganze Aufmerksamkeit diesem Gegenstand zuwenden. Nehmen Sie seine Farben, die Beschaffenheit seiner Oberfläche und seinen Geruch in sich auf, hören Sie jedes Geräusch, das er macht, bis Sie das Gefühl haben, mit ihm zu verschmelzen.

Beginnen Sie nun auf Ihre Gedanken zu achten. Wandern sie umher, in andere Räume und Zeiten? Wenn dies der Fall ist, holen Sie Ihre Aufmerksamkeit wieder sanft in die Gegenwart zurück, und denken Sie nur an das, worauf Sie sich konzentrieren. Lassen Sie es zu, daß sich Ihr Verstand gegen diese Aufforderung ein bißchen sträubt, und warten Sie einfach ab, bis es vorübergeht, um dann Ihre Aufmerksamkeit auf das Licht, die Luft und Ihren Körper und seine Empfindungen zu lenken.

Wenn Sie das Gefühl haben, wirklich im Hier und Jetzt zu sein, beginnen Sie auf die Dinge, die Sie ablenken, zu achten. Sind es Ihre Gedanken? Fängt Ihre Haut zu jucken an? Welche inneren Mechanismen bewirken, daß Sie vom gegenwärtigen Moment abgelenkt werden? Das sind wertvolle Informationen, die Ihnen zeigen, wie Sie von bewußter Aufmerksamkeit in gewohnheitsmäßiges Verhalten fallen, sei es in Gedanken oder körperlich. Verweilen Sie in Ihrer Konzentration, solange Sie können, und gehen Sie dann zum Auflösungsritual über.

Wir werden nun beginnen, die Bewegungs- und Atemübungen zu lernen, die den Energie- und Emotionsfluß öffnen und somit den Kern für die Heilung unseres Emotionskörpers bilden. Anfangs erscheinen die meisten dieser Techniken dumm oder lächerlich, und Sie werden vielleicht denken: »Ich bin ein erwachsener Mensch, warum soll ich mich in einen Wutanfall hineinsteigern?«

Die Antwort liegt in der neuen Verpflichtung, *alles* an uns zu heilen. Und manche Teile von uns sind noch nicht erwachsen. Teile von uns sind noch immer schwer gestörte Kinder sowie Kinder, die nie die Gelegenheit oder die Erlaubnis hatten, sich auszudrücken. Das sind die Teile, die schreien, toben, weinen oder schlagen müssen.

Vielleicht wollen Sie diese Übungen zuerst allein durchführen, bis Sie sich sicher genug fühlen, um sie mit anderen zusammen zu machen. Ich selbst stellte fest, daß ich mit Hilfe eines Partners die Anfangsschwierigkeiten leichter überwinden konnte. Ich war gehemmt und unsicher, wenn ich alleine war. Mein Freund gab mir Anweisungen und ermutigte mich, wirklich loszulassen. Es war ein gutes Gefühl. Wir haben alle eine natürliche Scheu vor neuen Erfahrungen oder Konzepten. Und dieses Konzept ist ein Faustschlag ins Gesicht der alten Lehren, die für Selbstbeherrschung plädierten. Wir sind dabei, unser Bedürfnis nach Kontrolle abzulegen, um zu Spiel, Ausdruck und Freiheit zu finden.

Es wird Sie einige Anstrengung kosten, Ihre Ängste und das Gefühl, etwas Dummes zu tun, zu überwinden, da sich sowohl Selbstbild als auch Eigendünkel sofort melden werden. Wenn

Ihr Selbstbild Ihnen nur erlaubt, sich auf würdevolle Art und Weise auszudrücken, werden Sie durch diese Übungen ziemlich gefordert werden. Doch wenn Sie über sich selbst lachen können und sich hin und wieder erlauben, wie ein Kind zu sein, werden Ihnen diese Übungen leichtfallen. Wenn Sie das Gefühl haben, daß Sie diese Dinge nicht tun können, beginnen Sie zu forschen, warum Sie das von sich glauben. Wie ist es dazu gekommen, daß Sie eine so begrenzte und engherzige Meinung von sich haben? Können Sie sich an eine Zeit in Ihrer Kindheit erinnern, wo dies nicht der Fall war und wo Sie dafür bestraft wurden, weil Sie Ihren kindlichen Gefühlen Ausdruck verliehen? Rufen Sie sich Ihre damaligen Gefühle in Erinnerung, und wenn Sie sich bedroht, mißbraucht oder ausgestoßen fühlten, dann ist dies ein Zeichen, daß dieser natürliche Teil zu Schaden gekommen ist und Sie daher behutsam an diese Übungen herangehen müssen. Sie dürfen sich nicht zwingen, müssen aber gewillt sein, die selbstgesteckten Grenzen zu überschreiten. Machen Sie die Übungen vor einem Spiegel, und Sie werden über sich selbst lachen müssen. Wir sehen alle komisch aus, wenn wir unsere Emotionen ausdrücken. Wir schneiden Grimassen, verrenken unsere Glieder und fühlen die Energie innerlich hervorbrechen. Ob der Ausdruck stark oder schwach ist, hängt von Ihnen ab. Wir erwecken unser Nervensystem aus seinem langen Schlummer und ermutigen es, zu fühlen und zu sein.

Manche dieser Übungen leiten uns an, Gefühle zum Ausdruck zu bringen, die wir zur Zeit gar nicht empfinden, doch wir wissen, daß jedes Gefühl in unserem Emotionskörper gespeichert ist. Es gibt keinen Menschen, der lebt und der nicht Gefühle von Trauer oder Zorn in sich trägt, obwohl viele Menschen glauben, dies treffe auf sie nicht zu. Als ich meinem späteren Lebensgefährten begegnete, fiel mir auf, daß dieser Mann eine Menge Zorn in sich trug. Einmal fragte er mich, was ich in ihm sähe, und ich antwortete ihm, ich hätte das Gefühl, daß sehr viel Zorn in ihm stecke. Er war völlig überrascht und sagte: »Ich bin der netteste Kerl, den du weit und breit finden kannst. Manchmal drehe ich ein bißchen durch, wie jeder andere auch, aber unterdrückte Wut? Nicht bei mir!« Er war eine lebende Zeitbombe, und als er begann, seine süchtigen Verhaltensmuster zu heilen, entdeckte er auch, warum. Er ist dabei, seine Sucht nach Zorn und Wut aufzuarbeiten, und weiß, daß sie die Hauptursache für seine emotionalen Schäden ist. Wenn wir beginnen, unsere Gefühle an die Oberfläche zu bringen, werden wir oft überrascht sein, was dabei auftaucht. Vergessen wir nicht, daß alle Gefühle natürlich sind und daß alle Menschen sie in sich tragen. Das Ausmaß unserer emotionalen Schäden bestimmt, wie stark diese unterdrückten Gefühle sind. Wieviel wir von dieser Energie zum Ausdruck bringen können, hängt davon ab, wie stark unser Wille zur Heilung ist.

Am Anfang kann es vorkommen, daß Sie keinen Zorn fühlen, wenn Sie ihn ausdrücken wollen; dann können Sie einfach so tun, als ob Sie zornig wären. Rufen Sie sich Ihren letzten Wutausbruch in Erinnerung, und nehmen Sie mit diesen Gefühlen Verbindung auf. Stellen Sie sich etwas vor, was Sie wirklich zornig machen würde, oder machen Sie irgend etwas, was bewirkt, daß diese Energie aufsteigt und abfließen kann. Täuschen Sie dieses Gefühl so lange vor, bis Sie selbst daran glauben und es fühlen. Wenn Sie Trauer zum Ausdruck bringen wollen, dann erinnern Sie sich einfach an eine traurige Geschichte, ein Buch oder einen Film. Jeder von uns hat irgendwann etwas Trauriges erlebt, und irgendwo in unserem Inneren ist daher dieses Gefühl.

Vielleicht kommen die Emotionen zuerst nur auf eine sehr kontrollierte Weise zum Vorschein, als wären sie nur ein Schatten ihrer selbst. Nehmen Sie Ihre Emotionen an, in welcher Stärke sie auch immer auftauchen. Wenn Sie Ihre Gefühle wirklich für sehr lange Zeit unterdrückt haben, brauchen Sie wahrscheinlich mehrere Sitzungen, ehe Sie sich ›gehenlassen‹ können. Sprechen Sie sich selbst Mut zu, und geben Sie sich die Erlaubnis, das nächste Mal tiefer zu schürfen und mehr Material heraufzuholen.

Die Arbeit zu zweit oder in einer Gruppe bewirkt, daß entweder die Hemmungen voll herauskommen oder daß wir unbewußt unsere Gefühle voll zulassen. Ich war in Gruppen mit vierzig Teilnehmern, die alle schreiend und weinend um sich schlugen, doch ein jeder auf seine persönliche Art und Weise.

Ich hatte das Gefühl, in einem Irrenhaus zu sein, bis ich erkannte, daß dies die Klassifikation ist, die unsere Gesellschaft dem reinen Emotionsausdruck verleiht. Sie klassifiziert ihn als verrückt. Als die Übungen vorbei waren, sahen alle Teilnehmer strahlend aus, ihre Augen waren klar und ihre Wangen gerötet. Niemand hatte sich selbst oder irgend jemand anders verletzt, obwohl einige von ihnen persönlich schon viel durchgemacht hatten. Es war für uns alle eine wichtige Erfahrung, wie man mit starker Energie umgeht und sich dabei gut fühlt. Viele waren erstaunt, daß sie fähig waren, so weit zu gehen, und gegen Ende der zwölfwöchigen Ausbildung wunderten sie sich, wie beschränkt sie anfangs in ihren Ausdrucksmöglichkeiten gewesen waren. Alle in der Gruppe schworen sich, weiterzumachen und ihren Emotionen in angemessener Weise Ausdruck zu verleihen.

Machen Sie daher von diesen Techniken Gebrauch, sooft es Ihnen und Ihrem Prozeß von Nutzen ist.

Das Aufgeben der physischen Kontrolle

Wir werden nun einige von den Techniken lernen, die in den Gruppenprozessen für die Heilung von Sucht verwendet werden. Einige davon sind Ihnen vielleicht aus der therapeutischen Praxis vertraut und bekannt, manche basieren auf alten Yoga-Überlieferungen, und manche sind Erfindungen von inspirierten Menschen rund um den Erdball. In dieser Arbeit lernen wir alles zu nutzen, was der Wahrheit, Liebe, Heilung und Göttlichkeit dient. Dahinter steckt die Idee, daß durch das Lernen und tägliche Anwenden dieser Techniken Ihr Nervensystem zu heilen und sich von innen heraus umzustrukturieren beginnt. Die alten Programme, die uns so lange gefangen hielten, fallen ab, und neue entstehen. Dieses Reprogrammieren erfolgt durch ein sich selbst heilendes Nervensystem und durch Ihre ständige und bewußte Wahl. Es wird Ihnen nicht von außen auferlegt, sondern Sie schaffen selbst das neue Programm, das Ihnen auf Ihrem eigenen, einzigartigen Weg zu Gesundheit und Ganzheit am besten hilft. Sie wählen selbst, was Sie brauchen, um mit der kreativen Lebenskraft eins zu werden. Endlich sind Sie imstande, die göttliche Energie durchfließen zu lassen und zur Heilung zu benutzen.

Bei der ersten Erfahrung in diesem Prozeß handelt es sich darum, in einen Zustand des Loslassens einzutreten. Bei der Arbeit mit einer Gruppe geschieht dies in Form eines Tanzes, wodurch gleich von Anfang an von den üblichen gesellschaftlichen Gepflogenheiten oberflächlicher Unterhaltung abgegangen wird. Statt dessen beginnen wir zu sanfter Musik zuerst für uns allein und dann miteinander, untereinander und umeinander zu tanzen, um uns dadurch zu öffnen und einander kennenzulernen. Der Leiter der Gruppe spricht dabei vom »Fallenlassen aller konventionellen Erwartungen, die mit einem Gruppenprozeß verbunden sind«. Der Rhythmus der Musik nimmt langsam zu, um den Tänzern Gelegenheit zu geben, die Alltagssorgen ›abzuschütteln‹. Die Teilnehmer werden ermuntert, in die Bewegungen ihres Körpers hineinzugehen und sich mehr und mehr ihrem Körper anzuvertrauen, um schließlich dem Körper und nicht dem Verstand die Führung zu überlassen. Sie werden aufgefordert, die sozialen Konventionen abzulegen und mit jedem der im Raum Anwesenden zu tanzen, sich aber dabei ihrer selbst immer bewußt zu bleiben.

Wenn Sie lieber allein arbeiten wollen, dann wählen Sie einfach eine Musik, die Sie wirklich inspiriert, und beginnen Sie dazu ganz frei zu tanzen. Erlauben Sie Ihrem Körper, sich so zu bewegen, wie er will, und erleben Sie seine Bewegungen. Tanzen Sie mit ihm, als wäre es das erste Mal, und lassen Sie sich von der Musik führen. Lassen Sie diese Übungen von dem Teil in Ihnen, der am freiesten ist, ausführen, und bitten Sie, daß sich Ihre Spannungen, Gedanken und Sorgen in der Bewegung und der Musik auflösen. Benutzen Sie die Musik, und erhöhen Sie die Energie, mit der Sie tanzen, um sich durch nichts aus dem Jetzt ablenken zu lassen. Geben Sie sich völlig dem Augenblick hin, bis Sie zu der Befreiung gelangen, die diese Art von losgelöster Bewegung bewirken kann.

Jetzt will ich Sie mit einem Bewegungsablauf bekannt machen, der von einer Gruppe von Lehrern entwickelt wurde, die in Colorado leben und auf emotionalem Wege heilen. Diese

Gruppe nennt sich ›Multi-Dimensional Research and Expansion‹ (M.D.R.E.) und ist in der amerikanischen Gruppendynamik führend. Sie nennen diese rituelle Bewegungsform ›Kontaktatmen‹, und ich benutze sie sowohl in Einzelsitzungen als auch in Workshops als ein profundes Mittel, um die Energie zum Fließen zu bringen. Außerdem habe ich festgestellt, daß meine eigene Heilung schneller und ohne Stockung vorangeht, wenn ich sie in meine täglichen Übungen einbaue.

Nun ist es an der Zeit, mit uns selbst und mit den anderen, die wir an diesem Prozeß teilhaben lassen, ein Abkommen zu treffen, das festlegt, welche Art von Wirklichkeit wir schaffen wollen. Dieses Abkommen dient zur Wahrung der Sicherheit und des positiven Flusses unserer Energien im Zusammenhang mit den Ritualen und Übungen dieses Prozesses.

Es ist ein Abkommen über Nüchternheit, ein Abkommen, das unseren Emotionen erlaubt, frei zu fließen und sich voll auszudrücken, das aber gleichzeitig dafür sorgt, daß wir uns dessen soweit bewußt sind, daß wir weder uns noch irgend jemand anders verletzen. Wir werden nüchtern genug bleiben, um zu wissen, wann wir statt auf das Kissen auf den Fußboden schlagen wollen, womit wir uns weh tun könnten. Dieses Abkommen schafft einen Rahmen, innerhalb dessen wir unsere Kontrolle aufgeben und unsere aufgestauten Gefühle freisetzen können, wohl wissend, daß wir niemandem Schaden zufügen werden, weil dieser Rahmen für Sicherheit sorgt. Er beinhaltet ferner, daß wir sämtliche Bewegungs- und Ausdrucksmöglichkeiten ausschöpfen, wenn sie unserem Körper nicht schaden, und daß jeder für sich selbst verantwortlich ist und wir uns während dieser Übungen nur um uns selbst zu kümmern brauchen.

Die Furcht, jemanden zu verletzen oder gar zu töten, findet man am häufigsten bei Menschen, die beabsichtigen, ihren Zorn loszulassen. Daß sie die Möglichkeit haben, geistig völlig normal zu bleiben, während sie mit extremen Gefühlen umgehen, ist für viele Menschen neu, denn unsere Gesellschaft behauptet, daß wir verrückt sein müssen, wenn wir unseren Gefühlen freien Lauf lassen. Unsere Vorfahren kannten keinen Weg, um ihre Gefühle auszudrücken, ohne sich und andere zu gefährden, deshalb haben wir unsere Emotionen bisher immer unterdrückt, doch nun ist eine Zeit gekommen, wo diese Fähigkeit sich für uns auftut. Wir haben die Wahl, fühlende und gleichzeitig bewußte Menschen zu sein.

Der öffnende Atem

Stellen Sie sich mit leicht gebeugten Knien und den Füßen etwa in Schulterbreite auseinander hin. Sie können diese Übung aber auch im Fersensitz ausführen. Beginnen Sie, Ihren Körper seitlich hin und her zu bewegen, während Sie leicht mit Ihren Knien wippen. Kontrollieren Sie Ihren Atem durch ein kräftiges Zusammenziehen des Zwerchfells. Dieses Zusammenziehen bewirkt ein Ausstoßen der Luft, das Sie benützen, um ein Geräusch zu machen, das wie ›Hei‹ klingt. Jeder Atemzug ist also mit einem Federn Ihrer Knie und einem Laut verbunden. Nun krümmen Sie noch die Finger und drehen den Kopf von Seite zu Seite, während Sie mit den Augen zwinkern. Der Zweck dieser Übung besteht erstens darin, Ihren Verstand zur Ruhe kommen zu lassen. Das Gehirn ist ganz einfach nicht in der Lage, all diesen separaten Bewegungen zu folgen und gleichzeitig etwas anderes zu denken oder zu kontrollieren. Ein weiterer Zweck dieser Übung liegt in der rhythmischen und wirksamen Massage der Emotionen, die durch die Bewegung geöffnet werden. Ihr Zentrum ist der Sitz des Emotionskörpers, der Bauch, und sie dient zur Befreiung der Gefühle und bewirkt, daß diese ins Fließen kommen und ihren Ausdruck finden. Setzen Sie die Bewegung einige Minuten lang fort, und ruhen Sie sich danach kurz aus.

Diejenigen unter Ihnen, die starke Raucher waren und keinen oder nur wenig Sport betreiben, werden sich schwindlig oder müde fühlen. Machen Sie trotzdem weiter, und Sie werden in einen leicht euphorischen Körperzustand kommen, wenn Ihr Gehirn endlich einmal genug Sauerstoff bekommt. Finden Sie Ihren eigenen Rhythmus, und lassen Sie sich von Ihrem Atem tragen. Überlassen Sie sich dem Atem.

Ferner hat der öffnende Atem die Aufgabe, uns mehr in den Emotionskörper zu ziehen. Wir hören auf, unseren Körper

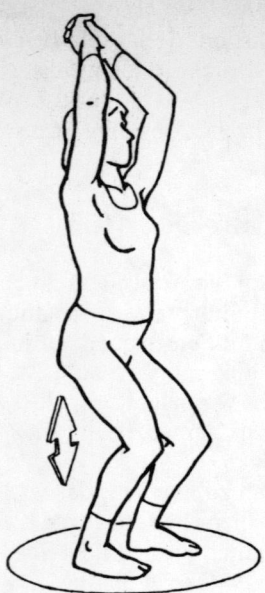

Aufrechte Haltung mit
leicht gebeugten Knien und
gegrätschten Beinen,
Oberkörper in Bewegung.

Aufrechte Haltung mit
erhobenen Armen und
federnden Knien.

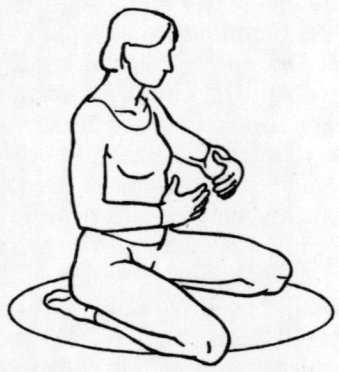

Fersensitz als Alternative zur aufrechten Haltung.

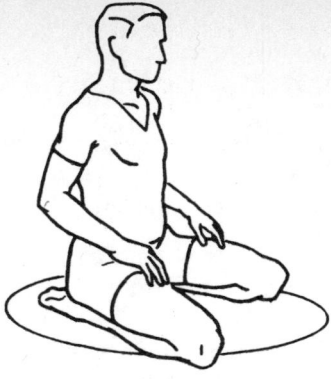

Fersen- oder Schneidersitz.
Tiefes Einatmen durch
die Nase.

Stoßweises Ausatmen durch
die Nase. Sind die Lungen
geleert, neigt sich der
Oberkörper leicht nach vorn.

Anhalten des Atems
bei geleerten Lungen und
angespannter Unterbauch-
muskulatur.

ständig unter Kontrolle zu halten, und machen uns von den alten Ideen und Vorstellungen über uns selbst frei. Wir beginnen, unseren Emotionen die Zügel zu lockern. Stellen Sie sich folgende Fragen:

Was ist meinem Gefühl nach der Hauptgrund für meine Sucht?

Warum habe ich jetzt die Absicht, meiner Sucht Einhalt zu gebieten?

Der schnelle Atem

Hier handelt es sich um eine uralte Atemtechnik, die viele Namen hat und von vielen Therapeuten benutzt wird. Ich habe sie zusammmen mit verschiedenen anderen Yogatechniken vor vielen Jahren gelernt. Auch im Yoga trägt diese Technik verschiedene Bezeichnungen; ich benutze hierfür den Namen ›Feueratem‹.

Setzen Sie sich auf die Fersen Ihrer abgewinkelten Beine oder, wenn Ihnen diese Stellung nicht bequem ist, mit gekreuzten Beinen auf den Fußboden oder auf ein Polster. Machen Sie ein paar tiefe Atemzüge in Yogamanier, indem Sie durch die Nase bis tief in den Bauch hinein einatmen, dann die Zwerchfellregion und dann die Brust vollaufen lassen. Beim Ausatmen – wieder durch die Nase – lassen Sie die Luft zuerst aus der Brust, dann aus dem Mittelbauch und dann aus dem Unterbauch entweichen. Erlauben Sie Ihrem Atem, Ihre Aufmerksamkeit voll in Anspruch zu nehmen und auf diese Weise Ihre Gedanken in die Gegenwart zu bringen. Dann atmen Sie tief ein, spannen Ihre Bauchmuskeln an und atmen stoßweise durch die Nase wieder aus. Atmen Sie wieder kurz und tief ein, um die Luft neuerlich kräftig und stoßweise durch die Nase auszublasen. Nach zwanzig Atemzügen dieser Art – zu Beginn werden es vielleicht etwas weniger sein – atmen Sie die ganze Kraft aus, spannen die Muskeln von Unterbauch und Anus an und halten den Atem an.

Diese Übung wiederholen Sie dreimal, und beim dritten Mal gehen Sie zum nächsten Teil, dessen Beschreibung nun folgt, über.

Das Freisetzen von Emotionen

Wir müssen in der Lage sein, unsere Emotionen auf harmlose und heilsame Weise nach außen abzuleiten. Dazu ist es notwendig, daß wir bereit sind, unsere Gefühle zu mobilisieren. Wir benutzen eine Technik aus der Gestalttherapie, die uns ermöglicht, unsere Gefühle zu intensivieren und zu übertreiben, damit sie leichter greifbar werden und weniger versteckt sind.

Legen Sie ein großes, dickes Kissen auf den Boden, und setzen Sie sich ihm gegenüber, dann knien Sie sich hinter das Kissen auf ein kleineres und beginnen wieder mit dem Feueratem.

Sobald der Atem sich verselbständigt, werden Sie starke Emotionen verspüren. Sollte das nicht der Fall sein, werden Sie Ihre Gefühle übertreiben müssen. Warten Sie einfach, bis ein Gefühl auftaucht, und wenden Sie ihm dann Ihre ganze Aufmerksamkeit zu. Lassen Sie sich von Ihrem Atem in das Zentrum Ihrer Gefühle tragen, die so lange verschüttet waren. Wenn die Emotion aufwallt, werden Sie den Wunsch verspüren, auf das Kissen einzuschlagen und mit dem Gefühl des un-

Ausgangsposition für das
Freisetzen von Emotionen.

Abreagieren durch Eindreschen
auf das Kissen.

109

bestimmten Zorns Kontakt aufzunehmen. Um die Verbindung zu dem in Ihnen verborgenen Material zu verstärken, rufen Sie sich Sätze wie »Es ist nicht gut, zornig zu sein!« oder »Was ist das für ein Gefühl, wenn einem nie erlaubt wurde, sich voll auszudrücken?« in Erinnerung. Im späteren Verlauf der Übung werden Sie nicht mehr zu übertreiben brauchen, sondern echten, tiefen Zorn empfinden. Sprechen Sie die Worte, die Ihnen einfallen, laut aus, oder schreien Sie, um dieses Gefühl freizusetzen. Dies ist der Augenblick, um wirklich die Kontrolle zu verlieren, selbst wenn Sie zusammenbrechen. Durch diese Art von Zusammenbruch sagen wir unserem Nervensystem, daß dies eine neue Wirklichkeit ist und daß wir uns verpflichten, unser bisheriges Leben zu verändern. Lassen Sie diese Erfahrung zu einem richtigen Wutausbruch werden. Stellen Sie sich vor, daß alle, die Sie je geärgert haben, vor Ihnen auf dem Kissen sitzen, und sprechen Sie mit ihnen. Sagen Sie alles, was Sie wirklich empfinden und nie gesagt haben. Lassen Sie den Zorn, der am unteren Ende Ihrer Wirbelsäule sitzt, aufsteigen bis in Ihre Arme und Hände, und schlagen Sie mit aller Kraft zu. Es ist ein Unterschied, ob Sie Ihre Arme oder Ihre Stimme benutzen, um sich Erleichterung zu verschaffen. Achten Sie auf das, was Sie sagen. Sie werden überrascht sein, was da alles herauskommt.

Nach einer Weile werden Sie ganz von selber bemerken, daß Sie noch etwas anderes fühlen als Zorn. Es kann sein, daß es Angst ist oder auch Kränkung. Welches Gefühl es auch sein mag, wenden Sie sich ihm zu, denn es handelt sich um eine tiefere Schicht Ihres Emotionskörpers, die hier zum Ausdruck kommt. Bei vielen Menschen verdeckt der Zorn tieferliegende Gefühle, und sie benutzen ihn nur, um sich in einer repressiven Gesellschaft zu behaupten. Man geht zornigen Menschen lieber aus dem Weg. Doch nun kommen die unter dem Zorn versteckten subtileren und oftmals auch tieferen Gefühle zum Vorschein, und bei ihnen wollen wir verweilen. Machen Sie ein paar tiefe Atemzüge, und lassen Sie diese Gefühle einfach zu. Schluchzen oder weinen Sie, und lauschen Sie auf die Worte, die mit diesen Gefühlen verbunden sind. Merken Sie auf, welche Überzeugungen oder Anschauungen diese Gefühle geprägt haben.

Je mehr Sie jetzt Ihre Kontrolle aufgeben können, desto größer sind Ihre Heilmöglichkeiten, doch versuchen Sie nicht, alles auf einmal zu erledigen, und glauben Sie nicht, daß Sie mit einer einzigen Sitzung alles klären können. Wenn wir uns nur ein einziges Mal erlauben, eine solche Erfahrung zu machen, und nie daran denken, sie zu wiederholen, dann sind wir unfair zu unserem Nervensystem. Wir öffnen unser emotionales Selbst, nur um es wieder zu verleugnen, und dies erzeugt ein unglaubliches Ausmaß an Frustration.

Seien Sie darauf vorbereitet, bei dieser ersten Erfahrung so weit zu gehen, wie Sie können, und nehmen Sie sich dann die Zeit, um alles zu absorbieren, was Sie aufgedeckt haben.

Sie werden bei diesem Prozeß Momente haben, in denen Sie sich plötzlich völlig erschöpft fühlen. Versuchen Sie, auch in diesen Ermüdungsphasen weiterzumachen, denn meistens verbirgt sich dahinter ein Gefühl, das von Ihrem Nervensystem nie anerkannt worden ist. Sie haben Ihr ganzes Leben lang diese Gefühle unterdrückt, und wenn Sie jetzt nahe daran sind, sie zu entdecken, signalisiert Ihr Körper, daß er müde ist, um Sie aufzuhalten. Atmen Sie daher einfach ein paarmal tief ein und aus, und fahren Sie fort, ungeachtet Ihres Verlangens aufzuhören und ungeachtet Ihres Verstandes, der Ihnen sagt, daß es für heute genug sei. Dringen Sie in die unerforschten Tiefen Ihres Emotionskörpers vor.

Hier müssen Sie sehr sanft vorgehen, denn es handelt sich hier um Ihre zerbrechlichsten und feinsten Gefühle. Erneuern Sie Ihr Gelöbnis, vollkommen ehrlich zu sich zu sein und allem ins Auge zu schauen, was sich hier verbirgt. Oft werden wir unsere größten Schwächen entdecken, und oft werden wir auf eine große Traurigkeit stoßen. Ob Angst, Trauer, Kummer oder was auch immer: Wir nähern uns dem Gefühl behutsam, indem wir seine Existenz anerkennen, und beginnen einen Dialog, um festzustellen, wie dieser Teil entstanden ist und wie zerbrechlich er ist. Durch diese zarte Berührung können Sie diese Gefühle heraufholen und sie ermutigen, sich sehen und fühlen zu lassen. Es ist, als würde man ein scheues Reh oder einen Vogel füttern. Sie müssen einfach da sein und dürfen beim ersten Mal nur flüchtig hinsehen, damit dieser animalische Teil des Selbst sich neugierig hervorwagt und zutraulich wird. Es genügt, daß Sie da sind und sich selbst genug lieben, um einen so weiten Weg zurückgelegt zu haben. Fahren Sie fort, Ihren Körper zu bewegen, aber sanfter und aufmerksamer für das, was auftaucht. Tatsächlich ist es Ihr Körper, der Sie bewegt. Fühlen Sie, wie dieser tierähnliche Teil Ihres Selbst an Ausdruck gewinnt. Seien Sie wach und bereit, diese Gefühle zu akzeptieren, als ein Teil Ihres wahren Wesens. Die kontinuierliche Körperbewegung ist wie ein sanftes Stupsen, das die lange verborgenen und gefürchteten Emotionen aus ihrem Versteck holt.

Diese Erfahrung wird für die meisten von uns ziemlich ungewöhnlich sein, und viele werden vielleicht das Gefühl haben, sie könnten den Schwall von Emotionen, der sich über sie ergießt, nicht mehr stoppen.* Wir sind in den Händen unseres göttlichen Selbst und werden beschützt von der starken Intention, den richtigen Weg für unsere Heilung zu finden. Wir haben immer die Wahl, den Prozeß anzuhalten oder einfach eine Pause zu machen. Erinnern Sie sich ständig daran, daß Sie eine bewußte und klare Wahl treffen und daß diese Methode der Reinigung, selbst wenn sie jeden Tag nur zehn Minuten lang praktiziert wird, Sie schließlich zu einer völlig neuen Lebensweise führen wird. Außerdem werden Sie nach einiger Zeit bemerken, daß Ihre Sucht nachläßt. Nehmen Sie dies einfach freudig zur Kenntnis, und betrachten Sie es als eine Erleichterung, die Ihnen auf dem Weg zur Heilung zuteil wird.

Ruhen Sie sich nun eine Weile aus. Legen Sie sich hin, und bleiben Sie mit sich allein. Sie haben eine Menge Arbeit geleistet und brauchen Ruhe, damit Ihr Nervensystem die vielen neuen Informationen verarbeiten kann. Vielleicht möchten Sie ein Schläfchen machen, so daß sich auch Ihr Unterbewußtsein diesem neuen Stand an Energie und Bewußtsein anpassen kann. Sie müssen jetzt sanft und liebevoll mit sich umgehen. In einer gewissen Weise hat sich eine Geburt vollzogen, und das Neugeborene braucht Zeit, um sich in seiner neuen Umgebung

---

* Die Begleitung eines Psychotherapeuten bzw. einer Therapeutin kann hier hilfreich oder notwendig sein.

zu akklimatisieren, ehe es wieder in die Welt hinauszieht. Wenn Sie tatsächlich ausgehen, kann es sein, daß Sie sich einerseits fragiler und andererseits stärker fühlen, Sie werden sich aber sicher natürlicher und wirklicher vorkommen. Begegnungen und Gespräche mit anderen Menschen werden eine andere Qualität haben, und es wird sich vielleicht herausstellen, daß Sie keine Lust mehr haben, Ihre alten Verhaltensweisen oder Kommunikationsformen wiederaufzunehmen.

Machen Sie diese Arbeit zu einem Teil Ihres Tagesablaufs, zu einem Teil Ihres täglichen Lebens, denn sie bildet den Kern des Prozesses. Sie bewirkt, daß sich Ihr Emotionskörper aufschließt und Ihr wahres Wesen zum Vorschein kommt. Schmerz, Angst und Zorn sind nur ein Teil Ihres Wesens. Ihr Leben wird sich von Grund auf verändern, wenn Sie Gesundheit, Freiheit, Wachheit und Lebendigkeit wählen anstelle von Sucht, Tod, Kontrolle und Abhängigkeit. Ihr Bedürfnis, sich und andere zu kontrollieren oder kontrolliert zu werden, wird schwinden, und Sie werden ein anderes Wesen sein. Ein vollkommeneres Wesen, gesünder, froher, stärker und schöner.

Mündliche und schriftliche Verpflichtung

Der nächste Schritt in diesem Prozeß besteht in einer mündlichen und schriftlichen Verpflichtung, Ihre Sucht zu heilen.*

Ich, _____ (Name), verpflichte mich hiermit, ein/e (z. B. Nichtraucher/in) _____ zu sein.

Ich gebe alle meine Überzeugungen und Vorurteile auf, die meine Fähigkeit einschränken, die Wahl zu treffen, nicht mehr zu _____ (z. B. rauchen).

Ich bin gewillt, die Gefühle, die durch meine Wahl, nicht zu _____, auftauchen werden, anzunehmen.

Ich bin fähig, Methoden zu lernen, um mich selbst zu heilen.

---

* Bei schweren, langjährigen Süchten sollten Sie diesen Schritt nur in Begleitung einer Fachperson durchführen.

Es ist meine eigene Wahl, ab sofort das (z. B. Rauchen)
_____ aufzugeben und dabei zu bleiben.

Verweilen Sie bei jenem Teil der Verpflichtung, der Ihnen am schwersten fällt. Lassen Sie die Gefühle auf sich einwirken, die beim Lesen dieser Verpflichtung auftauchen. Achten Sie auf die Phrasen oder Worte, über die Sie stolpern.

Es werden vielleicht Gefühle auftreten wie:

Ich fürchte mich vor all diesen Gefühlen, die freigelassen werden könnten.

Ich bin mir bewußt, wie sehr ich mich vor meinen Gefühlen gefürchtet habe.

Ich bin mir bewußt, daß ich an meiner Fähigkeit zu heilen zweifle.

Ich fühle mich wirklich nicht bereit, die tieferen Gründe für mein süchtiges Verhalten aufzudecken.

Ich mag zwar jetzt diese Wahl treffen, aber was ist später, wenn ich allein bin?

Es ist wichtig, diese Gefühle wahrzunehmen und sich selbst zu erlauben, sie Schritt für Schritt zu erforschen. Denn jedes Furchtbekenntnis bildet eine Schicht über der Wahrheit und verbirgt die tieferen Ebenen, die entdeckt werden können, wenn die Intention dazu stark genug ist. Damit beginnt sich ein System von Überzeugungen und Anschauungen zu verändern, das die Wurzel aller süchtigen Verhaltensweisen bildet.

Schreiben Sie die aufgestiegenen Gefühle und Gedanken nieder. Prüfen Sie in allen Einzelheiten, wovor Sie sich fürchten und woran Sie zweifeln. Sehen Sie sich alles genau an, was entdeckt und enthüllt ist. Das ist vielleicht Ihre erste Gelegenheit zu erfahren, wie gründlich Sie Ihre eigene Fähigkeit zur Heilung beschnitten haben. Seien Sie vollkommen aufrichtig zu sich selbst. Es braucht niemand anders diese Liste je zu sehen, und Sie können daher wirklich die Wahrheit sagen über das, was Sie fürchten oder glauben.

Suchen Sie sich nun eine der Ansichten heraus, die Ihnen wirklich lächerlich erscheint, wenn Sie sie jetzt niedergeschrieben vor sich sehen. Eine wird sicherlich hervorstechen. Lesen Sie sie laut vor, und hören Sie, wie sie klingt. Welcher Teil von Ihnen sagt dies? Welche innere Person kommt durch diese Ansicht zum Ausdruck? Schenken Sie diesem Aspekt Ihres Wesens Anerkennung und Achtung. Es ist ein Aspekt, der bereit ist, gehört und geheilt zu werden. Dieser Aspekt hat den Mut gefunden, ausgelöst durch den vorangehenden Prozeß sich in Wahrheit zu offenbaren. Welches Gefühl vermittelt Ihnen diese Ansicht und dieser innere Aspekt? Beginnen Sie einen Dialog mit sich selbst über diese Ansicht, etwa wie folgt:

»Ich habe Angst vor meinen Gefühlen.«
Was würde geschehen, wenn du fühlst, was du fühlst?
»Ich fürchte, daß ich jemand verletzen werde.«
Was würde geschehen, wenn du jemand verletzt?
»Ich werde bestraft werden.«
Was würde geschehen, wenn man dich bestraft?
»Ich werde mich selbst hassen.«
Was würde geschehen, wenn du dich selbst haßt?
»Ich werde sterben wollen.«
Was würde geschehen, wenn du sterben willst?
»Ich werde mich umbringen.«
Und was würde geschehen, wenn du dich umbringst?
»Dann werde ich verschwinden, und niemand wird sich mehr um mich Sorgen machen.«

Und was wäre das für ein Gefühl, wenn sich niemand mehr um dich Sorgen macht?
»Ich würde mich wertlos fühlen, so, als hätte ich mein Leben vergeudet.«
Gehen Sie in dieses Gefühl hinein, und erlauben Sie allen Ansichten, die Sie über die Vergeudung Ihres Lebens haben, emporzusteigen. Sprechen Sie diese Ansichten laut aus, und schreiben Sie sie auf, um sich gleichzeitig davon zu lösen.

Welche anderen Ansichten könnten Sie wählen?
Machen Sie eine neue Liste, in der Sie die aufgedeckten einschränkenden Ansichten durch neue ersetzen. Gehen Sie die

erste Liste noch einmal durch, um zu sehen, wie viele dieser Ansichten Sie wirklich aufzugeben bereit sind. Sie haben die Wahl, jede dieser Ansichten in jedem beliebigen Moment zu transformieren. Wählen Sie daher eine aus, die Sie besonders einengt, und arbeiten Sie an Ihrer Transformation. Die folgende Technik wird Ihnen dabei helfen.

Neue Ansichten

Halten Sie diese alte Ansicht noch einmal genau fest, und befreien Sie sich von ihr, indem Sie sie durch eine neue Ansicht ersetzen, die Ihnen und Ihrer neuen Wirklichkeit gerecht wird, einer Wirklichkeit, die Sie in diesem Prozeß gewählt haben. Sprechen Sie diese Verpflichtung laut aus, entweder vor einem Spiegel zu sich selbst oder vor jemandem, der Sie in Ihrer Heilung unterstützt.

Ein Beispiel:

»Meine Ansicht, daß ich, wenn ich allein bin, unglücklich und traurig und unfähig sein werde, für mich selbst zu sorgen, daß ich erkranken werde und daß niemand da sein wird, der mich pflegt, daß ich allein nicht zurechtkomme, daß ich eine Familie oder einen Mann brauche für mein Selbstwertgefühl, entspricht nicht mehr meiner Wahrheit und Wirklichkeit. Ich gebe diese Ansicht auf.

Meine neue Erfahrung ist, daß ich stark bin, wenn ich allein bin. Ich bin imstande, die Arbeit, für die ich hier bin, allein zu verrichten. Ich kann selbst für mich sorgen, und zwar auf eine Weise, wie es niemand anders kann oder konnte.« Usw.

Einige Ihrer alten einschränkenden Ansichten stammen noch aus der Wirklichkeit eines dreijährigen Kindes, einige aus einer präverbalen Wirklichkeit. Fahren Sie fort, diese Ansichten und Ängste zu fühlen und an die Oberfläche zu bringen. Sprechen Sie Ihre Wahrheit laut aus, denn Sie haben die Erlaubnis Ihres Selbst, der Erde und von allen Wesen, die Wahrheit Ihres Emotionskörpers zu verkünden. Endlich ist es in Ordnung, stark zu sein und zu lieben, einfach so zu sein, wie Sie sein wollen. Es ist in Ordnung, weil Sie es zugelassen und beschlossen haben, daß

Sie es verdienen, daß Sie es wert sind, daß Sie in dieses Leben und in diesen Körper getreten sind, um lebendig und frei zu sein. Das Recht, Sie selbst zu sein, steht Ihnen von Geburt an zu. Nur Sie können und verstehen es, Sie selbst zu sein, und nur Sie kennen Ihre Wahrheit, und nur Sie brauchen sie zu hören. Nur Sie können Ihre Wahrheit aussprechen, sie hören, sie fühlen und sie leben.

Wir haben nicht gelernt, wirklich freie Wesen zu sein. Wir haben versucht, Freiheit mittels unserer Regierungen, Religionen und Rebellionen zu erschaffen, aber unsere Gesellschaft weiß nicht, was es heißt, wirklich frei zu sein. Wir müssen es von den Vögeln lernen. Wir stehen an der Schwelle, unser Leben als freie Wesen zu verbringen. Wir sind Pioniere des freien Menschentums, weil wir bewußt in Bereiche vordringen, die vor uns noch niemand betreten hat, Bereiche von Herz und Geist und Seele, in denen wir ganz normalen Menschen lernen können, frei zu sein.

Immer wurde uns gesagt, daß wir uns von unseren Gefühlen nicht überwältigen lassen dürfen und uns beherrschen müssen. Nun ist es Zeit, unseren Gefühlen zu vertrauen und uns nicht mehr zu kontrollieren. Anstatt unsere Gefühle weiterhin als Vorwand für unser süchtiges Verhalten zu gebrauchen, müssen wir sie zum Ausdruck bringen. Wenn wir unsere Gefühle nicht länger unterdrücken, sondern an die Oberfläche kommen lassen, werden wir lebendiger und freier werden. Jetzt haben wir die Gelegenheit zu lernen, wie wir diese machtvollen Gefühle, die in jedem von uns wohnen, zum Wohle unserer Gesellschaft lenken können. Vielleicht sind auch weniger schöne Gefühle darunter, doch sie sind real, und unser Emotionskörper sowie unsere gesamte gesellschaftliche Struktur benötigen mehr Realität.

Kapitel 5

Veränderung der Beziehungen

Beziehungen sind ein System, das uns zur Unterstützung und als Spiegel dient, wer wir eigentlich sind. In den bekannten Gesichtern rund um uns finden wir dieselben Emotionen und Ansichten wieder, die auch in uns wohnen und die wir auf diese Weise besser sehen können. Welche Anschauungen und Einstellungen wir auch immer zu unseren Beziehungen haben mögen: Eigentlich sind wir sie nur aus dem Grund eingegangen, damit wir die Lektionen unserer Seele lernen und eine Spiegelung unserer inneren Wirklichkeit vorfinden. Diese Lektionen können sich darum drehen, mehr lieben zu lernen, oder sich auf den Umgang mit Macht beziehen – seelisches Lernen ist allumfassend. Jede Person, die in unser Leben tritt, tut dies auf unser Geheiß, unsere Seele hat sie ausgewählt, obwohl uns das oft gar nicht bewußt ist.

Es gibt niemand in unserem Leben, mit und von dem wir nicht lernen könnten. Wir haben uns alle gegenseitig ausgewählt. Die Mutter war schon in vielen Leben und in vielen verschiedenen Rollen mit uns zusammen und hat uns immer viel beigebracht. Wenn wir erkennen, daß dies nur eine Facette in einer langen Reihe karmischer Begebenheiten ist und daß sie nur das spiegelt oder reflektiert, worum wir gebeten haben, werden wir nicht nur unser Leben besser verstehen, sondern auch die seelische Lektion lernen und somit in unserem Entwicklungsprozeß voranschreiten. Wir brauchen nicht immer und ewig dieselbe Lektion zu wiederholen (und das kann viele Leben lang dauern), wenn wir sie *jetzt* begreifen.

So betrachtet werden wir unsere Beziehungen in einem ganz anderen Licht sehen. In jedem Fall können wir davon ausgehen, daß zwischen uns und der Person, mit der wir zusammen sind, schon seit langer Zeit ein Abkommen besteht über die Dinge, die wir *jetzt* gemeinsam tun oder lernen. Und wenn

119

diese Übereinkunft unsere Sucht betrifft, so können wir damit einen Einblick gewinnen, wie ein jeder zu seiner Wahl gekommen ist und wie einer den anderen in seinem süchtigen Verhalten unterstützt. Dabei spielt es keine Rolle, ob unser Partner bzw. unsere Partnerin für oder gegen unsere Sucht ist, er oder sie hat auf jeden Fall in dem Stück, das wir selbst verfaßt und inszeniert haben, eine der Hauptrollen inne. Und wir in seinem bzw. ihrem!

Wenn wir das Beziehungsknäuel zu entwirren trachten, werden wir feststellen, daß es so viele Fäden hat, wie Menschen und Emotionen darin verwickelt sind. Jeder Mensch, mit dem wir in Beziehung stehen, ist seinerseits in eine ganze Reihe von emotionalen und psychischen Verbindungen verstrickt, während wir uns mit ihm in ein Sammelsurium gemeinsamer Ansichten, Verhaltensweisen und stillschweigender Übereinkünfte teilen. Es sind die stillschweigenden Übereinkünfte, die uns gefangenhalten, selbst wenn wir uns trennen oder unsere Verpflichtungen ändern wollen, da sie uns oft nicht bewußt sind.

Beziehungen, bei denen Alkohol oder andere Drogen im Spiel sind, basieren ganz offensichtlich auf süchtigen Verhaltensweisen. Wir möchten gerne Gesellschaft haben bei unserem Treiben, weil es uns dann mehr Spaß macht. Doch das ist eine Illusion, wie viele bereits entdeckt haben. Unser Bedürfnis nach Begleitung, wenn wir uns in diese dunklen Gefilde begeben, ist ein zweischneidiges Schwert. Wir haben zwar Angst davor, den Abstieg allein zu wagen, im Grunde wollen wir aber nicht, daß unser Begleiter diesen Teil unserer Existenz kennenlernt. Also schließen wir einen komplizierten Pakt, indem wir einander gewisse Enthüllungen machen, die jedem Vertragspartner gefährliches Informationsmaterial in die Hände spielen, das er zu manipulativen Zwecken benutzen kann. Wir kaufen unsere Gefährten mit unseren dunklen Geheimnissen, und sie kaufen uns mit den ihren.

Die Machtspiele, die zwischen Partnern laufen, deren Leben auf gegenseitiger Abhängigkeit beruht, sind phänomenal. Meistens hält der süchtige Partner den anderen, seinen Helfer, durch Geld, Sex, soziales Prestige oder durch irgendein anderes Band an der Strippe. Doch auch der Helfer kommt zum Zug, nämlich dann, wenn die Sucht akut wird. Der Helfer sehnt sich nach dem Gefühl, gebraucht zu werden, und wer braucht ihn mehr als der Süchtige? Der Helfer darf für den Stoff sorgen, und er darf Kritik üben, wenn der Partner außer Kontrolle gerät. Es findet ein ständiger Kampf um die Vorherrschaft statt. Wenn der Helfer den Stoff liefert, hat er die Oberhand, und der Süchtige ist in seiner Schuld. Doch kaum ist dieser in den Genuß seiner Sache gekommen, dreht er den Spieß um und läßt seine Launen, seine Anflüge von Größenwahnsinn und manchmal auch seinen Hang zur Gewalt am Helfer aus. Der Helfer wird zur Zielscheibe für die Gefühlsausbrüche seines süchtigen Partners, die dieser ungeniert auf ihn losläßt, weil er weiß, daß er sich später immer noch mit seiner Trunkenheit herausreden kann. Es ist ein ewiger Teufelskreis, aus dem es ohne bewußte Anstrengung kein Entkommen gibt. Das ist ein Modell für eine Beziehung, die auf stoffgebundener Sucht und gegenseitiger Abhängigkeit beruht. Es gibt viele Arten von gegenseitiger Abhängigkeit, bei denen keine stoffgebundene Sucht mit im Spiel ist, doch hat es zumindest im Westen den Anschein, daß die meisten Beziehungen in die erste Kategorie fallen, zumindest für eine Zeitlang.

Gegenseitige Abhängigkeit herrscht dann vor, wenn zwei oder mehr Menschen sich in eine Beziehung einlassen, die einem Selbstmord gleichkommt. Dieser Selbstmord kann durch die Selbstverleugnung verursacht werden, die der eine oder der andere der Partner sozusagen »bis ins Grab« betreibt und die eine Folge der Regeln und Abkommen ist, denen er ständig unterworfen ist und die seine wahren Gefühle unterdrücken. Jemand, der mit einem Alkoholiker oder einer Alkoholikerin verheiratet ist, wird entweder die Verantwortung für die ganze Familie selbst tragen müssen oder die Rolle des hilflosen Opfers spielen. Oft wird er/sie nicht nur den Lebensunterhalt, sondern auch den Haushalt besorgen und dazu noch die Mutter- und die Vaterrolle übernehmen müssen. Außerdem wird er/sie, um dem Rest der Welt gegenüber das Gesicht zu wahren, immer neue Entschuldigungen erfinden.

Wählt er/sie hingegen die Opferrolle, so entzieht er/sie sich jeder Verantwortung. Als Entschuldigung für sein Unvermögen, etwas zu unternehmen, wird er angeben, daß ihm sein drogenabhängiger Partner sämtliche Kraft und Energie stehle. Solche Opfer können oft stundenlang zusehen, wie ihr Partner seiner Sucht frönt, ohne auch nur einen Finger zu rühren, um sich selbst aus der bemitleidenswerten Lage zu befreien, in der sie voller Zorn und Haß ausharren und die sie als Reaktion auf das Verhalten ihres Partners selbst geschaffen haben. Sie unterdrücken ihre Wut und ihren Zorn so lange, bis es schließlich eines Tages zu einer Explosion kommt und sie sich in einem einzigen Augenblick Luft machen, was dann oft zu einer unverantwortlichen Handlungsweise führt, in der sie die jahrelange Unterdrückung abreagieren.

Macht- und Kontrollfaktoren spielen in Beziehungen, die auf gegenseitiger Abhängigkeit basieren, eine große Rolle. Die Beteiligten waren oft schon in ihrer Kindheit mit Menschen und Situationen konfrontiert, die völlig außer Kontrolle geraten waren. Wenn dies der Fall war, werden sie als Erwachsene versuchen, nicht nur ihren abhängigen Partner, sondern die ganze Familie, ja womöglich die ganze Welt zu kontrollieren. Sie glauben nämlich, daß nur sie wüßten, was für ihre Mitmenschen am besten ist, und möchten sie am liebsten zwingen, sich ihren Anweisungen gemäß zu verhalten. Sie erregen oft großen Zorn und bewirken gerade dadurch die Reaktion, die sie eigentlich vermeiden wollten. Dann fühlen sie sich gekränkt und verletzt und geben sich und den anderen die Schuld an ihrem Versagen.

Die meisten Menschen, die bei diesem Spiel mitmachen, fühlen sich ungeliebt und nicht liebenswert. Sie haben das Gefühl, von ihren Eltern nicht geliebt worden zu sein, lieben sich selbst nicht und halten ständig nach jemandem Ausschau, der sie glücklich machen wird. Sie haben nie gelernt, daß die wahre Glückseligkeit aus einer klaren und mächtigen Beziehung zum eigenen Selbst und zur Göttlichkeit kommt.

Folgende Faktoren kommen bei diesem Spiel der gegenseitigen Abhängigkeit noch zum Tragen:

Hilflosigkeit
Schuldgefühle

122

Zwang
Drohungen
Manipulation
Bestechung
Vorherrschaft

Keiner dieser Faktoren behält auf lange Sicht seine Wirksamkeit, da beide Partner im Grunde genommen dasselbe wollen: ihren inneren Hunger stillen. Oft endet eine solche Beziehung damit, daß der ›drogenunabhängige‹ Partner aufgibt und schließlich selbst zur Droge greift.

Gegenseitige Abhängigkeit, die nicht an eine Substanz gebunden ist

Es fällt schwer, sich in der heutigen Gesellschaft jemanden vorzustellen, der nicht nach irgendeiner Substanz süchtig ist. Doch es gibt Menschen, die sich entschlossen haben, diese Art von Sucht zu überwinden, und denen es auch gelungen ist, sich von derartigen Gewohnheiten zu befreien. Daß sie ihre stoffgebundenen Süchte überwanden, bedeutet aber nicht, daß sie ihren inneren Hunger, der diese ablöste, stillen konnten.

Als ich noch am Anfang des Heilungsprozesses meiner eigenen süchtigen Gewohnheiten stand, lebte ich in einer Beziehung, in der beide Partner nicht nur voneinander abhängig waren, sondern sich auch gegenseitig bei der Ausübung ihrer diversen Süchte unterstützten. Wir waren beide süchtig nach Alkohol und Tabak sowie nach Kaffee (er), Schokolade (ich), Fleisch (er) usw. Hinter diesen stoffgebundenen Süchten verbargen sich bei beiden von uns gleich starke stoffungebundene Süchte, denn jeder von uns wollte recht haben und die Herrschaft an sich reißen. Diese Verhaltensmuster führten zu ständigen Reibereien, so daß wir uns entschlossen, die Hilfe eines Therapeuten in Anspruch zu nehmen. Es stellte sich die Notwendigkeit heraus, unsere stoffgebundenen Süchte abzulegen, damit wir sehen konnten, was dann für uns beide und für jeden einzelnen noch übrig war. Wir gehörten weder in die Kategorie der tobsüchtigen Säufer noch in die Kategorie der Kettenraucher, doch unser Verhalten war eindeutig süchtig, denn wir brauchten Stimulantien, und diese Stimulantien hatten eine negative Wirkung auf unser Leben und auf unsere Beziehung.

Als wir entdeckten, daß wir fest entschlossen waren, uns von unseren süchtigen Angewohnheiten zu heilen, begannen wir diesen Prozeß zu entwickeln. Die richtigen Lehrer tauchten im rechten Augenblick auf, was ein Segen für uns war. Unser gemeinsames Vorgehen erleichterte uns die Sache, doch gab es auch Momente, in denen das Gegenteil der Fall war. Am dritten Morgen, nachdem wir zu rauchen aufgehört hatten, betrat ich die Küche mit dem Gefühl, über den Berg zu sein, und erwartete dies auch von meinem Partner. Doch mitten auf dem Küchenboden fand ich ein tobendes und schreiendes Wesen vor, das sich über alles, was sich bewegte oder sprach, aufregte. Als ich ihn schließlich zornig und etwas überheblich fragte, weshalb er solche Schwierigkeiten hätte, gestand er, daß er seit drei Tagen auch unter Koffeinentzug litt. Obwohl jeder den anderen am liebsten umgebracht hätte, gewann das Komische an der Situation die Oberhand. Wir wurden in der Küche zu neuen Verbündeten und schworen, einander zu helfen und bei dem großen Werk zu unterstützen. Wir wollten uns gegenseitig mit einem »Atme!« oder »Laß die Energie fließen!« ermuntern oder uns mit einem »Ich weiß, wie dir zumute ist!« trösten. Und schließlich machten sich unsere stoffgebundenen Süchte auf und davon. Wir beobachteten, wann bei einem von uns irgendwo ein Reiz ausgelöst wurde, um daraus zu lernen, und es hatte den Anschein, als wäre immer eine/einer oben, während die/der andere unten war. War dies einmal nicht der Fall, so kam es zum Streit.

Nach einiger Zeit erkannten wir, daß das Ausmaß unserer Süchtigkeit viel größer, tiefer und stärker war, als wir vermutet hatten. Die Reibereien hielten an, und wir konnten noch immer keinen Weg finden, um friedlich zueinander zu kommen. Wir stritten über Geld, wir stritten über Verantwortung, wir hatten Meinungsverschiedenheiten seiner Kinder wegen, wir gerieten in Wut über die Art und Weise, wie ich etwas sagte, und wir beharrten beide stur darauf, im Recht zu sein. Wir waren nicht nur süchtig danach, recht zu haben und unseren Willen durchzusetzen, sondern nach den Streitgesprächen selbst, die unserem Leben einen starken emotionalen Ausdruck verliehen. Wir saßen nach wie vor in der Falle unseres süchtigen Verhaltens. Wir waren zu Abhängigen unserer eigenen dramatischen Auftritte geworden!

Ein Drama, das uns den nötigen Nervenkitzel und die Stimulation verschaffte, die wir uns früher durch Tabak oder Koffein geholt hatten. Wir hatten die Gewohnheit gehabt, unsere Adrenalindrüsen mit Chemikalien aufzuputschen, und da wir diese nicht mehr verwendeten, benutzten wir unser gemeinsames Drama. Wir gaben beide wütend zu, daß wir diesem Spiel ein Ende machen wollten und mußten, doch keiner von uns konnte den Teufelskreis durchbrechen. Schließlich erkannten wir, daß wir einfach nicht mehr länger zusammenleben konnten. Wir hatten uns beide in solchem Maße der eigenen Heilung verschrieben, daß wir, wenn wir einander nicht unterstützen konnten, uns trennen mußten. Nach den Torturen, die wir bei der Beendigung unserer Abhängigkeit von chemischen Substanzen durchgestanden hatten, schien es lächerlich, daß wir nicht gemeinsam weitermachen konnten. Wir liebten uns sehr, doch wir konnten die Liebe nicht von all den anderen Dingen trennen, die uns zu Gefangenen unseres süchtigen Verhaltens machten. Wir waren beide in Familien groß geworden, die auf Biegen und Brechen zusammenhielten. Wir hatten beide die Gewohnheit, hoffnungslos gewordene Beziehungen abzubrechen. Mit anderen Worten: Wir hatten kein brauchbares Modell, wie wir unser Leben gestalten sollten. Da wir beide recht behalten wollten, konnten wir zu keiner Einigung über unsere Trennung kommen, wir mußten erst beweisen, daß der andere unrecht hatte, worüber einige Wochen verstrichen. Dann nahmen wir an einem Workshop teil und lernten, daß wir für uns selbst die Verantwortung übernehmen müßten und daß es nicht anginge, jemand anderem die Schuld zuzuschieben. Wir waren enttäuscht, doch wir wußten nun, daß wir, um zu heilen, den Weg allein zu gehen hatten.

Also zog ich aus.

Dann begann die dunkle Seelennacht. Ich hörte auf, mich

mit uns beiden zu beschäftigen, und widmete mich dem Monster, das ich in mir herangezogen hatte. Dieses Monster fürchtete sich vor der eigenen Fähigkeit zu überleben, vor allem aber mußte es immer recht haben, und es gierte nach Perfektion. Es wollte den anderen ein Vorbild sein: die große Therapeutin und Heilerin. In dieser Zeit machte ich Bekanntschaft mit den tieferen Gründen für meine Abhängigkeit. Ich war nicht nur gezwungen, allein durchzukommen, sondern es herrschte noch dazu ein bitterkalter Winter, innen und außen. Ich mietete ein Haus mit Heizproblemen und einem schwierigen Hausbesitzer, und wir hatten Tonnen von Schnee in diesem Jahr. Mein Auto blieb im Schnee stecken, und ich mußte es wieder flottmachen. Mein Verdienst reichte gerade aus, um meine Ausgaben zu decken, doch sobald irgendein unerwartetes Ereignis eintrat, wurde alles aus dem Gleichgewicht geworfen. Kurzum, ich war emsig damit beschäftigt, mich in eine Lage zu bringen, die jede nur erdenkliche Angst, die in mir steckte, an die Oberfläche brachte, während ich mich die ganze Zeit über zum Kern meines inneren Hungers vorarbeitete.

Kurz vor Weihnachten hatte ich alles genau geplant. Geld, Arbeit und Zeit würden gerade reichen, um die Einkäufe zu erledigen, Katze und Haus zu verlassen und für zwei Wochen zu meiner Familie auf Besuch zu fahren. Als ich am nächsten Tag aufwachte, hatte ich Halsweh. Das paßte überhaupt nicht in meinen Plan! In den wenigen Tagen bis Weihnachten verblieben mir gerade noch genug Zeit und Klienten, um meinen Plan verwirklichen zu können. Also suchte ich einen befreundeten Arzt auf und bat ihn, mir ein homöopathisches Mittel oder Heilkräuter zu verschreiben, um dieses Halsweh, das mir ziemlich zu schaffen machte, wieder loszuwerden. Er untersuchte mich und stellte dann fest, daß es sich keinesfalls um ein gewöhnliches Halsweh handelte und daß er nicht wußte, was es war. Er verordnete mir Bettruhe und Antibiotika und empfahl mir abzuwarten, was passieren würde, während er in der Zwischenzeit einen Spezialisten heranziehen würde. Mein Exmann schaute vorbei und bestand darauf, daß ich mich selbst verarzten sollte, und teilte mir mit, daß er am nächsten Tag abreisen werde, um wie geplant seine Familie zu besuchen. Da lag ich nun wieder allein und in den Klauen meiner Furcht. Und als Krönung wußten die Ärzte nicht einmal, was ich hatte! Der Spezialist äußerte unheilschwangere Vermutungen und wollte mich für weitere Untersuchungen sofort in eine Klinik einweisen, da es wirklich etwas Ernstes sein könnte. Den nächsten Tag verbrachte ich mit Beten und Meditieren, wobei ich mir ausmalte, welches Gefühl es wäre zu sterben und welches Gefühl es wäre zu leben, und ich dachte darüber nach, was das eine und das andere für mich bedeutete. Schließlich erkannte ich, daß ich diese Krankheit, was immer sie auch sein mochte, selbst geschaffen hatte, um mir meine Wahlmöglichkeiten klar vor Augen zu halten. Ich hatte die Wahl, meinen alten Verhaltensmustern zu folgen und zu erwarten, daß mir irgendwer Bescheid sagen und sich um mich kümmern würde, oder ich konnte mich von meinen Ängsten und Vermutungen beherrschen lassen, keine Medikamente nehmen und auf ein Wunder hoffen, oder ich konnte eine innere Einkehr halten und entdekken, welchen Zweck dieser Zustand hatte, und mein göttliches Selbst um Beistand und Anweisung bitten, wie ich damit fertig werden konnte.

Ich flehte um Beistand von meinem göttlichen Selbst, von Gott, von meinen Freunden und von meiner Familie. Ich bat sie, mir zu helfen, die richtige Wahl zu treffen, und mich zu erinnern, um innere Führung zu bitten, wenn ich versagte. Mein Partner rief an, um sich nach meinem Befinden zu erkundigen und um mir in ebendieser Weise seine Unterstützung anzubieten. Ich versenkte mich in eine tiefe Meditation und fragte meinen Körper nach der Natur der Erkrankung und wie ich sie heilen könnte. Ich erfuhr, daß es sich keinesfalls um einen Tumor oder eine Zyste handelte, sondern um einen Abszeß. Nun gab es zwar keinen medizinischen Präzedenzfall für einen derartigen Abszeß, doch das göttliche Selbst war unerbittlich: Ich hätte einen Abszeß auf meiner Zunge, und Antibiotika und einige Tage Ruhe würden genügen, mich zu heilen. Die Ärzte schalten mich verrückt, meine Familie bat mich, eine weitere Meinung einzuholen, und mein Freund sagte: »Großartig!« Trotz meiner Schwäche fühlte ich Sicherheit und Kraft.

Ich blieb noch einige Stunden im Bett und erlaubte mir, auf

meine Ängste näher einzugehen, ehe ich sie freigab. Ich fühlte meine Angst vor dem Tod und meine Angst vor dem Leben. Ich fühlte meine Unsicherheit und meinen Zweifel an meinem Wissen und meiner inneren Stimme. Ich hatte den Wunsch, mich den Ärzten anzuvertrauen und sie ein großes medizinisches Drama für mich veranstalten zu lassen. Ich hatte Angst vor der Einfachheit der Wahrheit. Und schließlich stand ich auf und begann mit den Weihnachtsvorbereitungen. Ich schmückte einen kleinen Baum vor meinem Haus und packte die restlichen Geschenke ein. Ich bat eine Freundin, die letzten Einkäufe für mich zu erledigen, und am Weihnachtstag bestieg ich ein Flugzeug und flog zu meiner Familie in den Süden. Nach vier Tagen unfreiwilligen Fastens kam ich zwar ziemlich geschwächt an, doch mit dem Gefühl, die dunkelsten und schauerlichsten Gefilde meiner Seele aufgesucht zu haben. Ich wußte nicht genau, ob ich es überstehen würde oder nicht, aber das neue Gefühl der tiefen inneren Sicherheit verließ mich keinen Augenblick lang. Drei Tage später öffnete sich der Abszeß, während ich schlief, und langsam ging es mir wieder besser. Niemand konnte mir je erklären, warum oder wie sich ein solches Ding gebildet hatte, doch ich wußte es. Mein inneres Wesen hatte mir eine Lehrerin gesandt, die ich zu diesem Zeitpunkt brauchte, um meine Sucht nach Abhängigkeit zu überwinden, in Einklang mit meinem Selbst, mit Gott und der Wahrheit zu kommen und meinen schwachen Glauben zu heilen.

Ich hatte die ersten Schritte in die Freiheit getan. Ich war von meiner Familie und von meinen Freunden ermutigt und ermuntert worden, doch es war mir klar, daß ich meinen Weg noch eine Weile allein fortsetzen mußte. Mein Freund verließ in der Tat das Land, und ich ließ schließlich jede Hoffnung auf eine gemeinsame Zukunft fallen. Langsam, aber sicher begann ich mich der Früchte meiner Selbstverantwortlichkeit zu erfreuen. Ich ließ meine Klienten an den Wegen zur Suchtheilung, die ich entdeckt hatte und noch immer entdecke, teilhaben. Erstaunt stellte ich fest, daß keiner von ihnen von mir ›Vollkommenheit‹ verlangte, im Gegenteil, sie begrüßten es, daß auch ich mich in einem Heilungsprozeß befand, den sie beobachten konnten, während sie selbst an ihrer eigenen Heilung zu arbeiten anfingen. Auf diese Weise war ich tatsächlich für sie ein Vorbild, wie ich es mir schon immer gewünscht hatte, doch viel realer und ehrlicher. Ich war ihnen auf dem Weg einfach ein bißchen voraus, aber nicht außer Sicht, nicht so weit, daß es unglaublich schien.

Der Heilungsprozeß nahm seinen Fortgang, und meine Kunden wurden meine Lehrer, als wir uns gemeinsam zum Kern ihrer Sucht vorarbeiteten. Und wir lernten dabei mehr über Abhängigkeit. Es wäre so leicht für sie gewesen, mir die Macht für ihre Heilung zu übertragen und mir die Verantwortung aufzubürden. Früher wäre ich auch prompt in diese Falle getappt und hätte die Rolle der Superfrau übernommen, der man leichten Herzens alle Macht überläßt. Ich hätte mich wichtiger und nützlicher gefühlt und mit Begeisterung die Erlöserin gespielt. Doch mein eigener Heilungsprozeß hatte mir gezeigt, daß *jede* Art von Abhängigkeit eine tödliche Falle ist. Ich hatte gelernt, rücksichtslos mit mir selbst zu sein und meine Klienten mit der gleichen Rücksichtslosigkeit liebevoll zu unterstützen. Auch sie lernten, ohne falsches Mitleid mit sich und den anderen umzugehen. Der Weg führte unausweichlich zu den dunklen Gefilden der Selbstverleugnung, die wir alle aufsuchen müssen, um uns davon zu befreien. Wir schufen eine Basis des Vertrauens, damit eine jede und ein jeder loslassen und mit der Heilung beginnen konnte.

In der Zwischenzeit nahm meine eigene Tendenz, mich in die Abhängigkeit von anderen Menschen zu begeben, immer mehr ab. Ich stellte fest, daß ich es schätzte, allein zu sein, mehr als je zuvor, und daß ich mich selber mehr und mehr mochte. Wenn ich an eine Beziehung dachte, war ich in der Lage, dies als eine Wahlmöglichkeit und nicht als eine Notwendigkeit zu betrachten. Eines Tages würde ich vielleicht wieder eine Beziehung eingehen. Vielleicht. Aber bis dahin war ich auch so mit meinem Los zufrieden. Als mein Freund von seinen Reisen zurückkehrte, waren wir beide zu denselben Schlüssen gekommen, nur mit dem Unterschied, daß er überzeugt war, wir könnten beide stark und geheilt und zusammen sein. Ich widersprach. Meine neue Selbständigkeit und Selbstgenügsamkeit

schienen mir noch nicht stark genug, um einer Prüfung unterzogen zu werden. Außerdem hatte ich unsere Beziehung aufge-
geben, und sämtliche Gründe, mit denen ich mich selbst überzeugt hatte, daß wir nicht füreinander bestimmt seien, nisteten
noch immer in irgendeinem Winkel meines Verstandes. Es gab
da noch einiges für mich zu tun.

Einige Monate später arbeitete ich in Europa, und es schien,
als würde ich doch bald wieder eine neue Beziehung eingehen,
obwohl ich mir nach wie vor nicht sicher war, ob ich nicht mein
Leben allein fortsetzen sollte. Und eines Tages bei einer Sitzung passierte etwas Merkwürdiges. Ich leitete den Prozeß, in
dem der Klient das innere Männliche und Weibliche entdeckt,
um es auf eine neue und heilsame Weise zusammenzubringen.
Ich hatte mich diesem Prozeß natürlich auch selbst unterzogen
und ihn viele Male bei anderen geleitet. Genau in der Mitte des
Ablaufs, als mein Klient im Begriff stand, seine Vorurteile und
Ansichten über die Art einer Beziehung fallenzulassen, hatte
ich das Gefühl, daß nicht nur er von mir, sondern daß ich selbst
geleitet wurde. Mein göttliches Selbst hatte die Führung übernommen. Während mein Klient seinen eigenen Reinigungs-
und Heilungsprozeß durchlief, war es, als ob er für mich sprä-
che. Seine Ängste und Befürchtungen in bezug auf Beziehungen waren mit den meinen identisch. Ich drang dabei selbst tiefer in mein Inneres vor als je zuvor bei dieser Arbeit. Mein göttliches Selbst ließ mich die richtigen Worte finden, und auch er
sprach die passenden Worte, um uns beide von unseren hinder-
lichen Ansichten zu befreien. In dem Augenblick, in dem er
sich von seinen alten Verhaltensmustern vollkommen löste,
fingen alle Glocken in dem Tal zu läuten an. Unter dem Klang
zahlloser Glocken entschwebten wir in einen Zustand der Einheit mit uns selbst. Er weinte vor Erleichterung und jauchzte vor
Glück über seine neue Erfahrung der inneren Ganzheit, und
auch ich war erfüllt von dem Wissen und dem Gefühl, daß alles
in mir sei und nichts fehle. Es war berauschend, eine Art von
Trunkenheit, die mit einer tiefen spirituellen Erfahrung verbunden ist, die entsteht, wenn wir uns der Wahrheit gegenüber-
sehen. Ich ging hinaus, um ihn mit sich allein zu lassen und um
Gott für die große Gnade, die uns widerfahren war, zu danken.

Als der Termin für meine Heimreise immer näher rückte, begann ich mich zu fragen, ob diese Veränderung in mir nicht auch Auswirkungen auf die Beziehung zu meinem Freund haben würde oder ob es für immer vorüber sei. Doch das Gefühl unserer inneren Verbundenheit war makellos und flößte mir keine Angst mehr ein. Ich fühlte nur, daß in meiner Welt alles stimmte und daß auch mit unserer Beziehung alles in Ordnung sein würde. Nun, es begann tatsächlich eine höchst bemerkenswerte Zeit für uns. Er hatte während meiner Abwesenheit eine ähnlich starke Erfahrung des vollkommenen Loslassens gemacht, und als wir uns trafen, stand nichts zwischen uns als unsere Liebe. Wir fühlten, daß es unsere Herzen waren, die uns zueinander zogen, und nicht die alten Gewohnheiten und Verhaltensmuster. Natürlich war es manchmal notwendig, uns innerlich zu reinigen, und wir hatten auch ein paarmal heftigen Streit miteinander, doch wir haben uns beide der Wahrheit verpflichtet, zuerst innerlich ganz zu sein, um dann zu zweit ein Ganzes zu bilden. Und zuallererst kommt unsere Beziehung zum Göttlichen. Ohne sie hätten wir nicht den Weg zueinander gefunden. Wir betrachten unsere gegenwärtige Beziehung als ein Geschenk des Universums und als ein Vertrauen, das wir teilen.

Sind wir jetzt für immer außer Gefahr, in Abhängigkeit zu verfallen? Keineswegs! Wir müssen immer auf der Hut sein, und wir sind es. Jeder von uns gibt dem anderen sofort Bescheid, wenn das alte Bedürfnis wieder auftaucht. Manchmal tritt auch der Fall ein, daß wir uns plötzlich nicht so gut fühlen, dann gibt einer von uns das Zeichen, und wir sehen uns unser Betragen genauer an. Und schon ist es wieder da – ein Rest von Abhängigkeit kann immer noch vorhanden sein und versuchen, wieder Boden zu gewinnen. Wir können jede kleine Prüfung zum Schärfen unseres Schwerts benutzen, mit dem wir rücksichtslos diese Reste vertreiben. Ich bin glücklich, einen Verbündeten zu haben, und ich sehe, wie sich rund um mich eine ähnliche Entwicklung anbahnt. Sobald ein Mensch diese Art von Selbstverpflichtung eingeht und sie zu leben beginnt, wird er auf wunderbare und großzügige Weise von der Welt unterstützt. Er trifft auf Menschen, die sich von dieser neuen und gesunden Version des Lebens angezogen fühlen und dem gleichen Ziel der Selbstheilung verpflichtet sind. Wir sammeln uns. Diejenigen in unserem Leben, die nicht fähig sind, Schritt zu halten, oder nicht bereit sind, sich selbst anzustrengen, werden wegbleiben, und wir werden neue Freunde finden. Es gibt aber auch Menschen, die nicht wollen, daß solche Veränderungen geschehen, da sie selber unfähig dazu sind. Sie warten und beobachten, ob sich irgendwo ein schwacher Punkt zeigt, um uns sofort schadenfroh darauf hinzuweisen. Doch dies hat auch sein Gutes, denn so können wir besser erkennen, wo unsere Schwachstellen liegen. Und es gibt Menschen, die uns den Erfolg neiden. Da sie glauben, selbst unheilbar zu sein, werden sie, wenn sie unsere Heilung bemerken, uns zu meiden beginnen.

Es stimmt natürlich, daß die meisten Beziehungen, die auf Sucht und gegenseitiger Abhängigkeit basieren, keine solche Entwicklung nehmen, doch zeigt dieses Beispiel, welche Wirkung das eigene Bemühen und der feste Vorsatz zur Heilung haben können. Bei vielen Paaren kommt es zur Stagnation oder zu einem Rückfall beider Partner, wenn sich einer von ihnen weigert, weiterzumachen. Dies ist besonders dann der Fall, wenn einer der Partner nur dem anderen zuliebe sich bereit erklärt hat, sein Verhalten zu ändern. Nur wenn wir die Veränderungen für uns selber machen, besteht die Gewähr, daß es zu einer dauerhaften Heilung kommt.

Andere Stufen gegenseitiger Abhängigkeit

Viele Beziehungen beruhen auf der einen oder anderen Form von Abhängigkeit. Viele von uns Frauen sind in dem Bewußtsein erzogen worden, daß es die Aufgabe des Mannes ist, für einen sicheren Lebensunterhalt zu sorgen, und haben daher ihr ganzes Leben lang nach einem Prinzen Ausschau gehalten, der sie retten kommt. Unter den Frauen und Müttern der fünfziger Jahre galt dies als eine vernünftige Erwartung, denn in Amerika war dies eine Zeit goldener Illusionen, und eine der Illusionen war, daß die Männer die starken Beschützer und Versorger seien und die Frauen daher nichts anderes zu tun hätten, als die liebe kleine Ehefrau zu spielen. Und selbst bei den Emanzipiertesten von uns nisten noch immer in irgendeiner verborgenen Nische des Emotionskörpers dieses Bild und diese Hoffnung. Während wir unsere BHs verbrannten und Gleichberechtigung verlangten, schwelte in uns noch immer das heimliche Verlangen, umsorgt und umhegt zu werden. Die Männer wurden von derselben Elterngeneration erzogen, die ihnen beibrachte, daß sie der Herr im Haus sein würden, wenn sie nur gut für ihre Familie sorgten und ihr sämtliche Wünsche erfüllten. Diese Mythen überdauerten auch die siebziger und die achtziger Jahre, selbst wenn sich die Welt nach außen hin völlig verändert hatte und mit ihr auch das Bild der Frau. Das Heimchen am Herd war nicht mehr gefragt, und so zogen wir aus, um es unseren männlichen Gegenspielern gleichzutun und die Welt zu erobern. Wir erlangten gleiche Rechte, und als wir sie (teilweise) bekamen, fühlten wir uns enttäuscht und unzufrieden. Irgend etwas fehlte uns. Zwar würden die meisten von uns den bloßen Gedanken, daß sie im Grunde genommen sich nach denselben Dingen wie ihre Mütter sehnen, empört zurückweisen, doch wir wollen tatsächlich alles haben. Einerseits möchten wir so sicher und unkompliziert wie unsere Mütter in den fünfziger Jahren leben, andererseits wollen wir aber auf unsere neuen Rechte und Freiheiten nicht verzichten. Die Folge davon war ein ziemlich neurotisches Verhaltensmuster, das bei vielen Frauen der achtziger Jahre auftrat und sich oft in Form von versteckter Abhängigkeit äußerte. Wenn die Abhängigkeit verschleiert werden muß, kann sie sehr häßliche Formen annehmen. Ohne den Gebrauch oder den Mißbrauch von Drogen, allein aufgrund unserer verborgenen Sehnsüchte, haben wir einen Verhaltenscode entwickelt, der sehr schwer zu entziffern ist und in Abhängigkeit mündet.

Die Männer halten nach der perfekten Mami Ausschau und die Frauen nach dem richtigen Papi. Zahllose Beziehungen stecken auf diese Weise in der Klemme, da wir immer wieder unsere Eltern heiraten. Und wenn es beim ersten Mal nicht geklappt hat, suchen wir uns einen neuen Partner, der wiederum dem ersten ähnlich ist, und so geht es weiter. Immer wieder versuchen wir zu heilen und die Lektion zu begreifen, die mit der biologischen Mutter oder dem biologischen Vater verbunden war. Manchmal geschieht ein Wunder, und wir sind fähig, die Augen zu öffnen und unsere Partner so zu sehen, wie sie sind, und nicht bloß als x-te Wiederholung der ihnen von uns zugedachten Rolle. Doch dieses Wunder setzt harte Arbeit voraus, verbunden mit einem aus tiefster Seele kommenden Verlangen zu lernen und ein Leben zu führen, das gut ist.

Der Grund, warum wir ständig in die gleichen Verhaltensmuster fallen, liegt darin, daß wir durch unser göttliches Selbst gelebt werden. Wenn wir als bewußte Menschen die Lektion nicht begreifen, läßt unsere Seele sie uns gnadenlos wiederholen. Sie verstärkt die Reize, bis wir sehen, hören, riechen und wissen, daß wir uns wieder in der gleichen Lage befinden. Dies geschieht so lange, bis wir endlich lernen und wachsen und aus der Erstarrung zum Leben finden oder bis wir sterben, festgefahren in unseren Wegen und unfähig, es in diesem Leben zu lernen. Dann bekommen wir wieder eine neue Chance, denn für unsere Seele spielt Zeit keine Rolle.

Sobald wir unsere Süchte erkannt und mit ihrer Heilung begonnen haben, sind wir auch bereit und imstande, diese Beziehungsmuster zu verändern. Wenn die Beziehung unsere Süchte unterstützt hat, muß sie sich entweder wandeln oder weichen, aber wir müssen vorsichtig sein bei unserer Beurteilung, denn oft werden Beziehungen verfrüht und unnötigerweise beendet. Zwei Menschen, deren erklärtes Ziel die eigene Heilung ist und die gemeinsam diesen Weg beschreiten wollen, können einander wertvolle Unterstützung bieten und zu mächtigen Verbündeten werden. Ein gemeinsamer Versuch ist immer am besten, doch müssen beide aufrichtig zueinander sein, und wenn einer die eigene Heilung vernachlässigt, muß der andere ihn darauf hinweisen, ohne sich selbst dadurch aufhalten zu lassen. Eine Beziehung, in der ein Partner heilt, während der andere an den alten Grundsätzen festhält, kommt nur sehr selten vor. Ja, ich wage sogar zu behaupten, daß eine solche Beziehung nicht möglich ist, ohne das Ausmaß der Heilung zu gefährden.

Außerdem müssen wir sorgfältig darauf achten, daß wir nicht in subtilere Formen der Manipulation und Abhängigkeit fallen, indem wir davon ausgehen, daß die Heilung des Partners synchron zu unserer eigenen erfolgen muß. Hier ist Vorsicht am Platz, denn jeder Mensch hat seinen eigenen Rhythmus. Sollte unser Partner zufälligerweise am gleichen Tag wie wir dem Koffeingenuß entsagen, so ist es gut; wenn nicht, müssen wir eben allein damit anfangen und ihm Zeit lassen, sich uns anzuschließen, wann immer es ihm angebracht erscheint.

Ein Mensch, der sich innerlich nicht ganz fühlt, wird in einer Beziehung *immer* den stärker abhängigen Teil bilden. Wenn das Männliche und das Weibliche in unserem Inneren nicht gleich stark entwickelt sind, suchen wir in der Außenwelt nach der entsprechenden Ergänzung. Das gilt sowohl für die Frauen als auch für die Männer. Wir streben nach Ganzheit, und wenn die innere Polarität nicht stimmt, kann unser innerer Hunger nicht gestillt werden.

Um uns von unserer Abhängigkeit zu heilen, müssen wir die innere Trennung zwischen Männlichem und Weiblichem überwinden. Dazu ist es notwendig, daß wir entdecken, welche Ansichten und Urteile wir uns über beides gebildet haben bzw. unbewußt hegen — erst dann können wir beginnen, die Kluft in unserem Inneren zu schließen.

Ansichten bzw. Handlungen, die abhängiges Verhalten nach sich ziehen:
- *Ich kann es nicht machen, wenn du nicht mitmachst.*
- *Ich kann nicht leben ohne dich.*
- *Ich bin in jeder Hinsicht von dir abhängig.*
- *Ich tue alles für dich.*
- *Du mußt dich um mich kümmern.*
- *Du brauchst mich, und ich brauche dich.*
- *Wenn wir uns in einem Szenario wiederfinden, das wir selbst nie gewählt hätten, und darin bleiben, weil unser Partner darin investiert hat.*
- *Wenn wir erlauben, daß wir oder unsere Kinder von Vater, Mutter oder irgend jemand anderem ausgenutzt werden.*
- *Wenn wir selbst als Erwachsene unsere Weihnachtsgeschenke noch immer von unserer Mutter verpacken und versenden lassen.*

- *Wenn wir von jemand als Liebesbeweis verlangen, daß er etwas tut, was er sonst nie tun würde.*
- *Wenn wir uns von anderen in deren Drama hineinziehen lassen, nur weil wir sie lieben oder mit ihnen zusammen sein wollen.*
- *Wenn wir versuchen, die Lebensprobleme anderer durch unsere Taten und Entscheidungen zu lösen.*
- *Wenn wir unsere Möglichkeiten anderen überlassen, indem wir sie an unserer Stelle wählen, handeln oder sprechen lassen.*
- *Wenn wir immer jemanden brauchen, damit wir uns sicher und ganz fühlen.*
- *Wenn wir ohne feste und greifbare Gotteserfahrung leben und versuchen, sie durch eine andere Person zu ersetzen.*

Die Aussagen, die nun folgen, stammen aus einer Frauenzeitschrift (die *kursiv gedruckten* wurden am häufigsten angekreuzt):

Mein idealer Partner würde:
1. Persönliche Probleme selbständig bewältigen.
2. Meine Hilfe gelegentlich in Anspruch nehmen.
3. *Mich brauchen.*
4. Für die Butter aufs Brot sorgen.
5. Lieber Gutes tun als reich werden.
6. Sich künstlerisch verwirklichen.
7. *Zu Hause bleiben und mich glücklich machen.*
8. Sich nie beklagen.
9. Mich auf meine Fehler aufmerksam machen.
10. *Mich immer wieder mahnen, mich zu bessern.*

Dies sollte uns einen Eindruck davon vermitteln, in welchem Ausmaß unsere Beziehungen von Abhängigkeit durchsetzt sind.

Wie sieht aber nun eine gesunde Beziehung aus?

Was können wir erwarten, wenn wir uns entschlossen haben, anstelle von Abhängigkeit ein Leben in Freiheit zu wählen?

Interdependenz

Der Begriff der Interdependenz geht davon aus, daß wir alle zusammen auf diesem schönen Planeten leben und daß wir unsere Energien und Leben in Einklang bringen müssen. Wenn wir unsere süchtige und auf Selbstverleugnung basierende Lebensweise hinter uns lassen und einen freien, großzügigen Lebensstil wählen, stehen wir meistens vor der Notwendigkeit zu improvisieren, da es nur wenige Modelle für Beziehungen gibt, die ohne Selbstverleugnung und Stagnation funktionieren.

Die Ziele, die ich in einer neuen interdependenten Beziehung anstrebe, sind:

1. Beide Partner in ihrer Verbindung zur Quelle zu unterstützen.
2. Jeden der Partner beim Ablegen seiner süchtigen Verhaltensweisen und bei seiner Heilung zu unterstützen.
3. Die neugeschaffene Wesenheit, die durch das ›Uns‹ in einer Partnerschaft oder Freundschaft entsteht, zu unterstützen.

Freiheit ist ein wichtiges Element, dem Ehre gebührt, und in einer Beziehung muß daher jeder Partner klar zum Ausdruck bringen, was Freiheit für sie oder ihn bedeutet. In einer interdependenten Beziehung muß ein jeder seine emotionalen und sonstigen Probleme unabhängig vom anderen lösen. Das heißt nicht, daß der andere nicht bereit ist, sich die Probleme anzuhören; es bedeutet aber, daß niemand versucht, die Lebensfragen eines anderen zu lösen oder ihm notwendige schmerzhafte Prozesse abzunehmen.

Ein weiterer wichtiger Aspekt ist, Abmachungen zu treffen, an die sich alle zu halten haben, die jedoch jederzeit widerrufen werden können, wenn es die laufenden Veränderungen erfordern. Dies ermöglicht kreative Lösungen und gibt allen Beteiligten das Gefühl, bei den gruppendynamischen Prozessen und Entscheidungen mitwirken zu können. Für solche Abmachungen sind Erklärungen notwendig, die mündlich erfolgen können. Erinnern wir uns an die Gefahren unausgesprochener Abkommen! Dieses neue Abmachungsfeld würdigt die ursprüngliche Verbindung zum Göttlichen und die Verpflichtung zu

Freiheit und Wahrheit. Wenn diese Elemente intakt sind, fließt die Kommunikation, und selbst Probleme von hoher Emotionalität finden schnell eine Lösung. In der neuen Beziehungsform hilft und schätzt einer den anderen für seine Bereitschaft, die eigenen Schwächen einzugestehen und an deren Heilung zu arbeiten. Es gibt weder ein Konkurrenzdenken noch eine Hierarchie, sondern es herrscht Gleichberechtigung; wenn einer eine höhere Ebene als der andere erreicht, so bedeutet das nicht, daß er damit Einfluß oder Macht über den anderen gewinnt. Dies ist ein Teil des alten Paradigmas und hat jetzt keine Gültigkeit mehr. In der neuen Beziehungsform wird der Partner, der dem anderen voraus ist, einfach zum Führer oder Wegweiser.

Wenn wir beginnen, uns und andere von den alten Beziehungsproblemen zu befreien, müssen wir gewillt und bereit sein, uns zu lieben und auch jene Teile anzunehmen, die wir bisher ausgelassen haben.

Das neue Beziehungsmodell ist von müheloser Leichtigkeit. Wir sind zusammen, weil ein jeder von uns dies als die beste und am meisten Kraft spendende Art und Weise ansieht, sein Leben zu verbringen. Wenn wir allein sein müssen, so betrachten wir dies als eine Zeit, die wir mit uns selbst verbringen, und nicht aus einer negativen Sicht. Die innere Beziehung und die Beziehung zum Schöpfer werden zum Mittelpunkt unseres Lebens, um die herum sich alle anderen Beziehungen entwickeln. Wählen wir einen Partner, so entsteht eine weitere Beziehung von zentraler Bedeutung, die durch ihre Harmonie unser Leben und unsere Welt verschönt.

Vor allem aber ist der neue Beziehungsstil einem steten Wandel unterworfen, weil er sich ständig entwickelt, um sich dem neuen Selbst anzupassen. Es gibt keine Stagnation, und es gibt keinen Platz für Situationen, die uns Kraft entziehen.

Das ist natürlich das Ideal, an dem ich noch immer arbeite. Das Ergebnis wird wahrscheinlich ganz anders als dieses Modell sein, doch ich bin sicher, daß wir alle die passende interdependente Beziehung entwickeln werden, die für unsere Heilung geeignet ist.

Ein fertiges Endergebnis kommt auch hier nicht in Betracht,

denn so, wie wir uns von Minute zu Minute und von Tag zu Tag entwickeln, schreitet auch die Evolution der Erde und des Universums fort und somit auch die Entwicklung unserer Beziehungen zu allem und jedem. So, wie wir wachsen, wachsen auch unsere Verpflichtungen und unsere Abmachungen. Je mehr unsere Heilung voranschreitet, desto mehr werden wir entdecken, daß die anderen Menschen rund um uns dieselbe Entwicklung durchmachen und wir daher nicht allein sind, weil die Erde die Heilung der Sucht beschlossen hat.

Im Trainingshandbuch der M.D.R.E.-Lehrer findet sich folgendes Modell, das ein vollkommenes Beziehungssystem beschreibt: »Unser Sonnensystem mit seinen Himmelskörpern ist ein schönes Beispiel für ein funktionsfähiges integrales Beziehungssystem. Die Sonne und ihre Planeten treten miteinander nicht in Wettstreit, jeder von ihnen bleibt seiner eigenen Natur treu und ist doch ohne Kompromiß oder Opfer in vollkommener Übereinstimmung mit allen anderen. Dieses Modell kann uns lehren, welche Möglichkeiten wir haben, um mit anderen Menschen in Beziehung zu treten und eine gemeinsame Wirklichkeit zu erschaffen.«

Das sagt alles.

Kapitel 6

Die innere Kraft

Die innere Kraft kann nur in Erscheinung treten, wenn der Emotionskörper als ein Zeichen der Heilung sich zu öffnen und zu schwingen beginnt. Sie kann als göttliches Selbst, höheres Selbst oder inneres Selbst beschrieben werden. (Ich ziehe die Bezeichnung ›göttliches inneres Selbst‹ vor, da sie mit einschließt, daß wir mit Gott oder der Urenergie verbunden bzw. ein Teil von ihr sind. Der Begriff ›höheres Selbst‹ scheint dagegen auf etwas von uns Getrenntes hinzuweisen, das angerufen und ständig um Hilfe gebeten werden muß. Da wir im Begriff sind, uns von diesem Gefühl des Getrenntseins auf allen Ebenen zu heilen, ist es besser, ihm in keiner Weise Vorschub zu leisten.) Die innere Kraft kann auch mit der Verpflichtung zur eigenen Heilung gleichgesetzt werden.

Die Intention, die wir benutzten, um eine Verpflichtung einzugehen, die uns aus unseren süchtigen Gewohnheiten heraus und zur Heilung führen sollte, war der erste Ausdruck dieser inneren Kraft. Es kam zu stärkeren und greifbareren Erfahrungen mit unserer Kraft, als wir die süchtigen Verhaltensweisen zu heilen begannen. Schon die ersten Atemübungen und Erfahrungen beim Ausdrücken und Auflösen unserer Emotionen haben uns in unglaublicher Weise gezeigt, wer wir wirklich sind, nämlich kräftige und dynamische Wesen.

Wir sind nun imstande, unsere Intention voll zu nutzen. Die Fähigkeit zur Intention, eine Veränderung herbeizuführen und uns mit dieser Veränderung zu identifizieren, ist ziemlich bemerkenswert. Dank dieser Fähigkeit haben wir unser früheres unbewußtes und zerstörerisches Verhalten hinter uns gelassen und sind in eine neue Beziehung zu uns und unseren Gewohnheiten getreten. Es begann alles mit unserer ersten Absicht, das Trinken oder Rauchen aufzugeben, mit dem ersten Gedanken, der eine Intention zur Veränderung war.

Wir haben uns jetzt dem göttlichen Selbst geöffnet, einem mächtigen Verbündeten, der immer für uns da ist. Dieser Aspekt unseres Wesens ist allwissend, wahrheitsliebend, weise und vertrauenswürdig. Es ist jener Teil von uns, der weiß, daß wir nach dem Bild Gottes gemacht wurden und die Fähigkeit haben, die göttliche Essenz in der Materie zu verkörpern.

Dieses kreative und besondere Zentrum stellt unsere höchste seelische Verbindung mit dem Schöpfer und unserer Göttlichkeit dar. Es ist die Quelle unserer inneren Kraft.

Wir sind nun bereit, über die Schuldgefühle und Schuldzuweisungen als Motive für unsere Heilung hinauszugehen. Den eigenen jammervollen Zustand und den der Welt zu sehen und jemand anders dafür verantwortlich zu machen genügt nicht mehr. Das ist das längst überholte Modell. Die Suche nach dem, was wir wollen und brauchen, muß gleichzeitig zur Heilung werden. Da wir gelernt haben, Selbstbeurteilung und Selbstvorwürfe zu überwinden und Mitgefühl und Verständnis für unseren Weg zu entwickeln, können wir nun beginnen, die Welt und ihre Bedürfnisse aus dem gleichen Blickwinkel zu betrachten.

Sobald wir mit dem Prozeß des Ausdrückens und Auflösens unserer Emotionen vertraut geworden sind und unser Zentrum immer wieder in die neue Schwingung versetzt haben, erwacht Zuversicht in uns, Zuversicht in den Prozeß. In unserem Inneren bilden sich Erfahrungen, die uns wissen lassen, daß eine Veränderung vorgeht, eine unserer Wahl und unseren Wünschen entsprechende Veränderung. Unsere Zuversicht läßt uns weitermachen. Wir werden immer zuversichtlicher, was den Fortgang des Prozesses betrifft, und erklimmen Stufe um Stufe. Die neue Schwingungsfrequenz ist ein Teil des Motors, der uns antreibt.

Am Anfang scheinen die Stufen ziemlich hoch und breit zu sein. Später werden die Sprünge von Stufe zu Stufe immer subtiler. Aber wir wissen und fühlen, daß wir vorankommen. Jedesmal, wenn wir es, ausgelöst durch ein Signal des Emotionskörpers, notwendig finden, unser Zentrum in Schwingung zu versetzen und den Prozeß zu vollziehen, werden wir spüren, daß wir in unserer Heilung eine Stufe höher springen. Wir werden bemerken, daß unsere Veränderungen zu Beginn große spiralförmige Aufwärtsbewegungen auslösen, und dann werden wir ein neues Plateau erreichen. Hier werden wir uns eine Weile ausruhen wollen. Dann geht es weiter, zu Gipfeln der Erfahrung und zu neuen ›Hochebenen‹. Oft wird uns der Prozeß sehr müde machen, und wir werden nur den Wunsch haben, etwas zu rasten. Dann werden wir auf einer dieser Hochebenen eine Weile bleiben. Während wir uns ausruhen, haben wir Zeit, uns anzusehen, woher wir gekommen sind und was sich verändert hat. Langsam werden wir die Resultate unserer Anstrengungen erkennen, was unsere Zuversicht in die eigenen Fähigkeiten stärken wird.

Nun können wir uns als evolutionäre Wesen erleben und erkennen, daß wir wahrhaftig multidimensional sind und daß es uns möglich ist hinzugehen, wohin wir wollen, und das zu sein, wozu wir geboren worden sind. Es ist wichtig zu erkennen, daß unsere persönliche Heilung ein Teil der Heilung des gesamten Planeten ist. Durch die Heilung jeder und jedes einzelnen von uns manifestiert sich die Energie, die notwendig ist, um alles zu heilen. Je mehr Menschen diese Energie täglich benutzen und bewußt in ihr Leben einbringen, desto mehr ist für alle anderen und den ganzen Planeten verfügbar. Wie kommt es hier auf der Erde in der dreidimensionalen Wirklichkeit zu Veränderungen? Indem irgend jemand eine Vision hat, diese Vision zu leben beginnt und indem andere Menschen, die das sehen, es ihr oder ihm gleichtun wollen und sich anschließen. Jede Art von Schöpfung beginnt mit einer Idee, und je mehr Menschen diese Idee aufgreifen, desto mehr gewinnt sie an Gewicht.

Jetzt werden wir lernen, wie wir auf direkte und bewußte Weise mit unserem göttlichen Selbst Verbindung aufnehmen können. Je öfter wir diese Übung machen, womöglich täglich, desto schneller werden wir erkennen, daß wir unser göttliches Selbst *sind* und daß wir unser Leben von diesem Gesichtspunkt aus führen können. Es ist am einfachsten, wenn wir am Anfang von der Tatsache ausgehen, daß die meisten von uns nicht in der Lage sind, diese Verbindung die ganze Zeit über bewußt zu spüren. Haben wir jedoch diesen Prozeß einige Male geübt, so werden wir die Erfahrung machen, daß ein Gedanke, der von unserer Intention getragen wird, genügt, um uns in diesen Bereich zu bringen. Es ist ein veränderter Bewußtseinszustand, in dem unser Wahrnehmungsvermögen größer ist als in unserem gewöhnlichen ›schlafwandlerischen‹ Zustand.

Ritual für das göttliche Selbst

Setzen oder legen Sie sich ruhig hin, und beginnen Sie tief zu atmen. Spüren Sie, wie der Atem Ihren Körper beruhigt und wie jede Verspannung in Ihren Muskeln und Gelenken mit dem Ausatmen schwindet. Spannen Sie die Stellen, wo noch Verspannungen sitzen, kurz und fest an, um beim Ausatmen wieder loszulassen.

Atmen Sie wieder tief ein und aus, und wenden Sie Ihre Aufmerksamkeit jetzt Ihrem Emotionskörper zu. Lassen Sie den Atem dort hinströmen, wo Gefühle festgehalten werden. Atmen Sie in diese Gefühle, und erlauben Sie ihnen, aufzutauchen und bewußt zu werden. Es ist wichtig, daß Sie sich genügend Zeit nehmen, um sich sowohl der Spannungen in Ihrem physischen Körper als auch in Ihrem Emotionskörper bewußt zu werden, damit diese an die Oberfläche kommen und entweichen können.

Nachdem Ihre Emotionen die Möglichkeit hatten, an die Oberfläche zu steigen, lassen Sie es zu, daß auch Ihre Gedanken langsam mit dem Atem auszuströmen beginnen. Wie in jeder Meditation lassen Sie Ihre Gedanken einfach vorbeifließen, ohne ihnen irgendwelche Aufmerksamkeit zu schenken.

Sie sind wie die Wolken, die vorbeiziehen, ohne Ihre Aufmerksamkeit zu erregen.

Ihr Atem wird jetzt noch tiefer und gleichmäßiger, und Ihre Aufmerksamkeit sinkt hinab in die Tiefe Ihres Wesens. Nun stellen Sie laut oder nur in Gedanken – wie Sie wollen – die Frage:

»Will das göttliche Selbst jetzt auf dem inneren Bildschirm erscheinen und eine Form annehmen, ein Symbol oder Bild, das ich erkennen und auf das ich mich beziehen kann?«

Achten Sie auf die Vision, die als erste erscheint. Das göttliche Selbst zeigt sich immer in Form von Licht, Farbe oder einem Symbol, das einem das Gefühl von Sicherheit, Liebe oder Verbundenheit gibt.

(Wenn irgendeine andere Art von Bild erscheint, fragen Sie einfach weiter, bis Sie wissen, daß Sie jetzt das Bild vor sich haben, auf das Sie warten. Manchmal treten zuerst Bilder auf, wie sie in Träumen oder der Tiefenpsychologie vorkommen, und fordern unsere Aufmerksamkeit, doch das Bild des göttlichen Selbst ist von einer besonderen Qualität; sein Licht, seine Festigkeit und sein Wahrheitsgehalt sind für unser Nervensystem unverkennbar.)

Bei manchen Menschen ist es mehr ein Gefühl als ein starkes inneres Bild oder ein Klang, ähnlich einem Chor von Stimmen. Es kann aber auch ein abstraktes Symbol sein, ein Wesen, ein Tier oder eine Pflanze. Es ist möglich, daß es als eine Lichtsäule erscheint, von der eine starke Präsenz ausgeht. Was immer Sie empfinden mögen, nehmen Sie diese Erfahrung an, selbst wenn Sie etwas ganz anderes erwartet haben, denn dies ist die Form, die Ihr göttliches Selbst gewählt hat, um sich Ihnen jetzt zu zeigen. Es kann auch in Form des Erlebens einer Naturkraft − Regen oder Wind − kommen. Ihre eigene innere Führung ist hier am Werk, Sie brauchen bloß der Erfahrung zu vertrauen. Es ist eine Begegnung mit dem Symbolismus Ihres göttlichen Selbst, und es ist daher immer angebracht, nach der Bedeutung zu fragen, wenn Sie zu dem, was gezeigt wird, keinen Bezug haben.

Beginnen Sie nun die Essenz der Energie, die von dieser Form Ihrer selbst ausgeht, zu identifizieren. Ist es Liebe oder Weisheit, die aus diesem Bild kommt? Ist es eine bestimmte Richtung oder Wissen? Nehmen Sie diese Essenz einfach an im Wissen, daß dies alles für Sie ist.

Sprechen Sie mit diesem Bild oder dieser Form. Fragen Sie es einfach nach der Natur seiner Existenz. Fühlen Sie die Eigenschaften dieses Wesens.

Stellen Sie nun die Frage:

»Willst du mir, bitte, jede Information oder Führung zuteil werden lassen, die für mich jetzt wichtig ist?«

Lauschen Sie mit großer Aufmerksamkeit auf die Antwort. Die Worte oder Gedanken werden wahrscheinlich eine tiefe Wahrheit für Sie beinhalten. Vielleicht erhalten Sie eine Antwort, auf die Sie schon sehr lange gewartet haben. Erlauben Sie einfach diesem Teil Ihres Wesens zu sprechen und sich selbst zuzuhören und zu fragen. Lassen Sie es zu, daß es zwischen diesen beiden Teilen Ihres Wesens zu einem Dialog kommt.

Setzen Sie das Fragen und Zuhören so lange fort, bis Sie zufrieden sind und fühlen, daß Sie im Augenblick keine weiteren Fragen mehr haben. Sie werden noch oft Gelegenheit haben, auf diese Weise zu lernen, denn dies ist nur das erste von vielen Gesprächen, die Sie auch in Zukunft mit diesem Teil Ihres Wesens führen werden. Dieser Aspekt Ihres Wesens ist immer da, doch er wartet darauf, daß Sie ihn rufen.

Lenken Sie Ihre Aufmerksamkeit jetzt wieder auf das Bild. Hat es sich in irgendeiner Weise während des Dialoges verändert? Achten Sie darauf, wie sich das göttliche Selbst jetzt zeigt. Machen Sie ein paar tiefe Atemzüge, und beginnen Sie dieses Bild mit jedem Atemzug näher zu holen und seine Energie zu absorbieren. Fühlen Sie, wie die Essenz dieser Energie Ihren physischen Körper durchdringt und mit Ihrem Verstand und Emotionskörper verschmilzt.

Dieses Bild, diese Essenz, diese Energie sind Sie!

Sie können diese Erfahrung so oft wiederholen, wie Sie wollen. Immer wenn Sie Ihr göttliches Selbst rufen, werden Sie das sehen und hören, was für Sie im Augenblick von größter Wichtigkeit ist. Dieser Aspekt enthält Ihre innere Wahrheit und ist nur da, um Ihnen auf höchster Seelenebene zu dienen. Von nun an haben Sie die Möglichkeit, aus einem inneren Wissen heraus zu handeln, das bewußt, stark und klar ist. Dieser Aspekt kann Sie anleiten, die innere Kraft zu entdecken, die zwar schon immer vorhanden war, die Sie aber bisher nicht aktivieren konnten. Sobald Sie einmal mit Ihrem göttlichen Selbst Kontakt aufgenommen haben, können Sie diese Informations- und Energiequelle auch zur Unterstützung bei der Heilung Ihrer Sucht heranziehen. Diese Energie und dieses Wissen stehen Ihnen immer zur Verfügung, und Sie können ein System entwickeln, wie Sie sich diesen Einfluß zunutze machen können, wann immer Sie zusätzliche Energie für Ihre Arbeit brauchen. In der ersten Zeit, nachdem ich aufgehört hatte zu rauchen, bat ich täglich das göttliche Selbst, mir das Wissen und das Verständnis zu geben, das ich brauchte, um meinem Verlangen nach einer Zigarette zu widerstehen. Wenn ich den ›Zug‹ heranbrausen fühlte und rechtzeitig um Hilfe bat, verging der Drang sehr schnell, und ich begann plötzlich an etwas anderes zu denken. Doch wenn ich versuchte, die Zähne zusammenzubeißen und es ohne die Unterstützung meiner inneren Kraft durchzustehen, war der Widerstand schwierig und schmerzvoll. Das göttliche Selbst erinnerte mich daran zu atmen, auf meine Gefühle zu achten und was sonst noch zu diesem Prozeß gehört. Es wurde mein ›Erinnerer‹. Und ›es‹ ist ich, so daß mir jedesmal, wenn ich diesen Aspekt meines Wesens zu Hilfe rief, Kraft zufloß.

Die innere Kraft kann auch dazu benutzt werden, uns bei der Entdeckung der tief im Kern unseres Wesens verborgenen Wünsche und Sehnsüchte zu helfen. Auf diese Weise können wir erkennen, was wir während unserer Heilung von Moment zu Moment brauchen. In der Meditation können wir unser göttliches Selbst täglich um Informationen über das Geschehen in unserem innersten Kern bitten. Für gewöhnlich fördert die Heilung von Sucht zuerst einmal lang unterdrückte Emotionen zutage, so daß es notwendig sein wird, unserem Zorn und Kummer freien Lauf zu lassen oder unsere Energie auf eine höhere Aktionsebene zu lenken. Auch wenn wir uns von den physischen Süchten mehr und mehr entfernt haben und nach den subtileren Bedürfnissen und Wünschen Ausschau halten. Dies ist das wahre Betätigungsfeld für das göttliche Selbst und der Zeitpunkt, wo wir uns tatsächlich nach ihm auszurichten beginnen. Nun können wir die winzigen Reste jener Fesseln ausfindig machen, die uns so stark beeinflußten, obwohl ihre Existenz ein Geheimnis für uns war.

Das Aufgeben der Selbstbewertung

Im Laufe des Prozesses werden wir oft auf erstaunliche Gedanken und Ansichten stoßen. Wir werden feststellen, daß wir

Dinge denken, von denen wir nie geahnt hätten, sie in uns vorzufinden. Daher ist es wichtig, daß wir diese Arbeit voller Mitgefühl durchführen, denn viele Dinge, die wir als falsch beurteilen, entspringen ganz einfach unserem gestörten Emotionskörper und unserer inneren Einstellung.

Einer der Suchtmechanismen, die wir benutzen, um uns und andere zu kontrollieren, ist das Werten: ›Wertung‹ im Gegensatz zu ›Unterscheidung‹. Selbstwertung beinhaltet, daß wir für etwas Schlechtes oder Falsches, was wir getan haben, bestraft werden müssen. Unterscheiden heißt, die Möglichkeiten zu sehen, die sich uns bieten, und daraus jene zu wählen, die im gegebenen Augenblick die beste für uns ist. Unterscheidungsvermögen hat etwas mit Wählen zu tun, während es bei der Wertung um Bestrafung geht. Wenn wir uns bewertet fühlen, gleichgültig, ob von uns selbst oder von jemand anderem, wird ein ganzes System von emotionellen Reaktionen und Verhaltensweisen aktiviert. Entweder nehmen wir eine Abwehrhaltung ein, oder wir starten einen Gegenangriff, oder wir stürzen uns in Schuldgefühle. Jede dieser Reaktionen entspringt der Angst, angesichts der Wertung bzw. des Urteils zu bestehen. Diese Angst bewirkt, daß unser Nervensystem auf eine Weise reagiert, die sich bereits bei früheren Erfahrungen dieser Art bewährt hat. Dies zwingt uns in eine bestimmte Rolle hinein. Wir müssen daher jede Form von Wertung einstellen, wenn wir beginnen, neue und oft ziemlich geballte Informationen über uns einzuholen. Haben wir uns in der Vergangenheit durch Selbstbewertung selbst kontrolliert, so werden wir eine Reihe von Sitzungen brauchen, um den inneren Richter zu heilen. Das ist einer der wichtigsten ersten Schritte. Es ist nicht möglich, auf dieser neuen Schwingungsebene zu operieren, solange unser innerer Richter in Amt und Würden ist. Wenn wir dieses Richteramt anderen überlassen haben, müssen wir ihnen klarmachen, daß dieser Kontrollmechanismus außer Funktion ist und wir daher verlangen, daß sie uns ihre Bedürfnisse in einer anderen Form mitteilen. Durch den Schritt von der Selbstbewertung zur Unterscheidung gewinnen wir Zugang zu unserer inneren Kraft.

Die Heilung des inneren Richters

Einige Fragen an den inneren Richter bzw. die innere Richterin:

— *Wer bist du?*
— *Welchen Vorteil hast du von deinem Richteramt?*
— *Was wünschst du dir, und was brauchst du, damit du aufhörst zu richten?*
— *Was bringt dich auf die Idee, daß etwas, was ich denke oder mache, schlecht ist?*
— *Wer hat dich das Richten gelehrt?*
— *Bist du bereit aufzuhören, über mich zu urteilen, wenn du bekommst, was du brauchst?*
— *Wie kann ich dir helfen, jene Ebene des Nicht-Richtens zu erreichen?*

Nachdem Sie auf jede dieser Fragen eingegangen sind und Ihre Gefühle und Emotionen zum Ausdruck gebracht haben, die einerseits den inneren Richter geformt haben und andererseits als Reaktion auf diesen entstanden sind, werden Sie einen Zustand erreichen, der frei von Selbstbewertung ist. Vielleicht zum ersten Mal in Ihrem Leben wird die innere Stimme, die Sie beurteilte, korrigierte und kontrollierte, verstummen.

Genießen Sie diese Ruhepause, und lassen Sie den Gedanken auf sich einwirken, daß Sie diese Stimme nie mehr zu hören brauchen. Denn wenn sie sich melden sollte, haben Sie ja die richtige Antwort bereit, mit der Sie den inneren Richter zum Verstummen brachten, und können den Prozeß nochmals durchgehen. Dieser Aspekt Ihres Wesens hatte lange Zeit eine gewichtige Aufgabe zu erfüllen und muß sich daher erst davon überzeugen, daß Sie auch ohne seine Hilfe auskommen, ehe er endgültig verschwindet.

Haben Sie deshalb Geduld mit ihm, denn auch er wird sich im Zuge des Heilungsprozesses zusammen mit allen übrigen Aspekten in den gesundenden Emotionskörper integrieren. Sie werden diese Energie transformieren und sie sich auf neue Weise nutzbar machen.

Von den auftauchenden Emotionen werden uns manche, wie

zum Beispiel »Ich hasse mich« oder »Ich möchte sie umbringen«, ziemlich schockieren, und weil wir noch immer das Bedürfnis haben, unsere Gefühle zu bewerten, würden wir diese am liebsten schnell wieder unterdrücken. Meistens bildet diese Art von Gedanken und Gefühlen jedoch nicht den Kern, sondern bloß eine Schicht, unter der sich weitaus stärkere Gefühle von Angst und Verzweiflung angesammelt haben. Wenn wir daran festhalten, daß wir viel zu nett und zu gutmütig sind, um Haß zu empfinden, belügen wir uns selbst und sabotieren den Prozeß. Wir müssen zulassen, daß diese Gefühle auftauchen, damit auch die darunterliegenden zum Vorschein kommen können. Um den Zugang zum vollen Heilungspotential unserer inneren Kraft zu finden, müssen wir den Richter suspendieren.

Wir sind wahrscheinlich durchaus fähig, uns ohne allzu große Angst in die Tiefen unserer Wirklichkeit zu begeben. Haben wir die Wellen von Schmerz und Leid aus unserem Zentrum strömen lassen, so gewinnen wir Mut und Entschlossenheit. Alles, was wir aus unserem Inneren heraufholen können, wird uns zur Belohnung, und wir finden immer mehr Gefallen an allem, was auftaucht. Das Aufdecken der tiefsten Gefühlsschichten hilft uns, viele der Strukturen und immer wiederkehrenden Themen unseres Lebens zu verstehen. Denn je tiefer wir in uns hineingehen, desto mehr werden wir uns zu lieben beginnen. Wir werden entdecken, daß eine große, unvergängliche Liebe tief in uns schlummert, die uns erfüllt, wenn wir furchtsam oder einsam sind, und die von keinem anderen Menschen abhängt. Auf diese Weise lernen wir zu unterscheiden, anstatt zu werten, und während unser Emotionskörper gesund wird, dringen wir immer weiter bis zum innersten Kern vor.

Ab einem gewissen Punkt beginnt sich dieser Prozeß zu verselbständigen, und dann werden wir feststellen, daß die Energie, die wir aufwenden mußten, um den Prozeß in Gang zu bringen, immer noch vorhanden ist. Nicht wir, sondern der Prozeß selbst sorgt jetzt dafür, daß wir weitermachen. Sobald eine Stockung eintritt, teilt uns der Emotionskörper dank seiner neuen Ausbildung dies mit, so daß wir sie beheben können.

Der Prozeß wird zum integralen Teil der inneren Kraft und stärkt unser Nervensystem. Während wir den Emotionskörper heilen, kommt es zu einer Veränderung des Nervensystems. Das auf neue und gesunde Weise reagierende Nervensystem wird in seiner Wahrnehmung immer feiner und empfänglicher, so daß wir in der Lage sind, selbst überaus subtile Einflüsse zu bemerken. Einer der Gründe, warum viele von uns süchtig bleiben und nicht aufwachen wollen, ist, nicht gezwungen zu sein, all die unangenehmen Dinge auf unserer Welt wahrzunehmen. Die Umweltverschmutzung und der besorgniserregende Zustand unseres Planeten und seiner Bewohner sind Tatsachen, vor denen wir nun nicht mehr die Augen verschließen können, weil wir sie fühlen. Früher konnten wir uns vor diesen Gefühlen abschotten. Das ist jetzt nicht mehr möglich, doch können wir mit ihrer Hilfe nach konstruktiven Lösungen suchen, um nicht nur uns selbst, sondern auch unsere Umwelt zu verändern. Anstatt wie gewohnt die Augen zu schließen, sind wir nun bereit, in unserer äußeren Welt einen Wandel herbeizuführen, der den Veränderungen in unserer inneren Welt entspricht. Manchen von uns wird die neue Sensitivität anfangs wie eine Hürde erscheinen, doch wir können sie benutzen, um auch den restlichen Widerstand, den wir noch in uns tragen, zu heilen.

Wenn unser Nervensystem gesund ist und wir uns neue Nervenfasern wachsen lassen, um die alten toten Fasern zu ersetzen, werden wir stärker werden und fähiger sein, den Einflüssen, die aus unserer Umwelt auf uns einströmen, zu trotzen. Nicht durch unseren Verstand, sondern durch unser Herz werden wir erkennen, wie und mit wem wir leben wollen. Wir wissen genau, was gut für uns ist und was nicht. – »Sie brauchen keine Entscheidungen mehr zu treffen. Wenn die Schwingungen Ihres Emotionskörpers gesund und harmonisch sind, wählen Sie einfach, was Sie für Ihr Leben brauchen und wünschen.« – (Diamond, M.D.R.E.-Lehrer, in einem Workshop in Santa Fe, N.M., 1988.) Wir müssen uns nicht mehr den Kopf zerbrechen, was wir mit unserem Leben anfangen sollen, sondern handeln in vollkommener Übereinstimmung mit unseren tiefsten Bedürfnissen. Wir können auf eine angemessene Weise zornig oder traurig sein. Über ein gesundes Nervensystem zu verfügen bedeutet nicht, daß wir keine zornigen oder traurigen Gefühle mehr haben, sondern daß wir auf diese Emotionen in einer bewußten und klaren Weise reagieren und mit dieser Energie umgehen können. Wenn wir mit unserem Zorn ›gesund‹ umgehen, so heißt das, daß wir ihn zulassen und ausdrücken, aber nicht notwendigerweise, indem wir toben oder jemanden anschreien. Wir bringen einfach unsere Gefühle zum Ausdruck, erbitten eine Veränderung der Lage oder entziehen uns ihr, indem wir den Bereich des offensiven Verhaltens verlassen. Alles wird sehr einfach.

– *Ich hasse das.*
– *Ich liebe das.*
– *Ich will das.*
– *Das gefällt mir.*
– *Das gefällt mir nicht.*

Wir hören und fühlen diese Reaktionen aufgrund irgendwelcher Einflüsse, und gleichzeitig reagieren wir in ausgewogener Weise, so daß unser inneres Gleichgewicht sofort wiederhergestellt ist.

Wir brauchen das Verhalten unserer Mitmenschen weder zu kontrollieren noch in irgendeiner Weise zu manipulieren, denn wir haben einen Weg gefunden, wie wir unsere eigene Energie benutzen können, um eine Welt zu schaffen, in der wir leben wollen.

Das Erkennen und Verändern der inneren Einstellung

In Kapitel 4 haben wir einige Wege kennengelernt, wie wir unsere Einstellung verändern können, und erfahren, warum diese Notwendigkeit besteht. Unsere innere Überzeugung und Einstellung ist maßgeblich an der Erschaffung unserer Wirklichkeit beteiligt. Woran wir tief in unserem Inneren felsenfest glauben, das tritt in der physischen Welt, die uns umgibt, ins Sein. Es ist unsere innere Einstellung, die, egal, ob sie mit unseren Gedanken und Wünschen übereinstimmt oder nicht, das Bett macht, in dem wir liegen.

Wenn wir im innersten Kern Überzeugungen hegen, die unsere Freiheit einschränken, ja sogar verneinen, dann wird es in unserem Leben zu Situationen kommen, die diese Einstellung spiegeln. Sind wir dagegen innerlich überzeugt davon, daß wir nur das akzeptieren, was für uns gut ist, was im Einklang mit unserem höchsten Ziel und dem göttlichen Selbst steht, dann wird unsere Wirklichkeit eine freudige sein. Doch ist es selten so einfach wie in diesen beiden Beispielen.

Unsere innersten Überzeugungen sind nicht so offensichtlich, wie wir das gerne hätten. Sie sind eher heimlicher Natur, und gerade deshalb haben wir bei unserer Heilung solche Schwierigkeiten. Zu denken, daß wir ohnehin nur das Beste für uns wollen und nie etwas wählen würden, was uns krank machen oder schaden könnte, ist leicht, doch schauen wir uns bloß die Raucher, Trinker oder die Freßsüchtigen an, dann werden wir feststellen, daß wir ständig etwas tun, was uns schadet. Dies gehört zu dem Abkommen, das wir stillschweigend untereinander getroffen haben und das uns zu Schlafwandlern macht, die sich der Wirklichkeit, die sie schaffen, nicht bewußt sind.

Es ist ein Teil des tödlichen Mechanismus, mit dem unsere Kultur in jedem Augenblick existiert. Wir sind uns nicht bewußt, welches Ausmaß unsere Süchte angenommen haben, die *vollumfänglich* ein Erzeugnis unserer inneren Einstellung sind. Unsere Einstellung zu ändern ist der direkteste Weg zu unserer Heilung und ein notwendiger Schritt im Prozeß, der zur Erlangung der inneren Kraft führt.

Die innere Kraft ist so stark wie die Einstellung, die ihr zugrunde liegt. Die Fähigkeit zur Heilung basiert auf dem gleichen Fundament. Nun ist es Zeit, das stärkste Mittel zur Veränderung der Wirklichkeit kennenzulernen, das uns zur Verfügung steht.

Die Kraft zur neuen Einstellung und veränderten Wirklichkeit

Wenn wir uns mit Hilfe der schon beschriebenen Prozesse auf uns selbst eingestimmt haben, werden wir oft feststellen, daß unsere Ansichten und Überzeugungen immer offenkundiger für uns werden. Wir führen zum Beispiel mit irgend jemandem ein Gespräch, und plötzlich hören wir uns etwas sagen, was unserer bewußt gewählten Einstellung widerspricht. Dann können wir Schritte unternehmen, um uns von dieser Überzeugung zu lösen. Wir können die mit dieser Einstellung verbundenen Gefühle zum Ausdruck bringen und darauf achten, ob noch andere, tiefere Überzeugungen zum Vorschein kommen. Vielleicht tauchen, während wir unsere Gefühle ausdrücken, einige Worte über Wut, Angst und Furcht auf. Wenn wir aufpassen, werden wir das hören, was sich hinter der Wut verbirgt und uns wirklich motiviert. Entweder bringen wir dann diese Überzeugungen sofort an die Oberfläche, oder wir merken sie uns, um uns später, wenn sich unsere Wut wieder abgekühlt hat, mit ihnen zu befassen.

Vielleicht fördern Sie eine Reihe von Überzeugungen zutage, die so ähnlich lauten wie folgt:
— *Ich habe wirklich Angst.*
— *Ich will nicht, daß irgend jemand weiß, daß ich Angst habe.*
— *Ich muß meine Angst verbergen.*
— *Wenn irgendwer weiß, daß ich Angst habe, wird er mich verletzen oder sich über mich lustig machen.*
— *Ich weiß nicht, wovor ich Angst habe, aber ich habe Angst.*
— *Angst ist quälend und kann töten.*
— *Niemand hat solche Angst wie ich.*
— *Kinder dürfen Angst haben, Erwachsene nicht.*
— *Es ist dumm, Angst zu haben.*
— *Wenn ich Angst habe, wird mir niemand etwas zuleide tun, daher benehme ich mich so, als ob ich mich schrecklich fürchten würde.*
— *Angst zu haben ist ein wirksames Mittel, das zu bekommen, was ich mir wünsche und brauche.*

Sprechen Sie alle Überzeugungen laut aus, und bringen Sie die damit verbundenen Gefühle zum Ausdruck. Danach beginnen Sie, sich von diesen Überzeugungen und Einstellungen über sich und die Welt zu lösen, und sprechen dies laut aus:

»Ich, Cia, löse mich nun von diesen Überzeugungen. Sie sind

nicht mehr ein Teil meiner Wirklichkeit. Die in ihnen enthaltene Energie ist nun befreit und transformiert.«

»Meine neue Wahrheit und Wirklichkeit lautet: Ich bin vollkommen sicher und beschützt in dieser Welt. Ich habe keine Angst und bin mit meinem göttlichen Selbst und der Quelle verbunden. Wenn ich diese Verbindung fühle, habe ich weder Angst, noch muß ich meine Angst dazu benutzen, um das zu bekommen, was ich will und was ich brauche.«

Suchen Sie nun einen Platz auf, wo Sie sich richtig wohl fühlen. Legen Sie sich bequem hin, und beginnen Sie im Geist ein Bild von Ihrer neuen Wirklichkeit und Wahrheit zu formen. Sehen Sie, wie Sie tatsächlich diese neue Gestalt verkörpern, und sprechen Sie aus, was Sie sehen. Erzählen Sie sich eine Geschichte, wie Ihre wirkliche Welt ist und wie Sie darin leben wollen. Wenn Sie irgendwo auf einen Widerstand oder eine Schwierigkeit stoßen, die Sie daran hindern, Ihre neue Wahrheit zu sehen oder auszusprechen, finden Sie einfach heraus, welche Überzeugung sich dahinter verbirgt, um sich von ihr zu lösen. Wiederholen Sie Ihre Geschichte zwei- oder dreimal in verschiedener Form, so daß Sie ein abgerundetes Bild erzeugen, das sich Ihrem Nervensystem und Ihrem Gedächtnis einprägt. Wenn Sie das Gefühl haben, die Geschichte habe sich in Ihrem täglichen Leben zugetragen, stehen Sie auf, um Ihre neue Wahrheit zu verwirklichen.

Der Erfolg dieses Prozesses hängt von unserer Fähigkeit ab, unsere innere Einstellung zu rekonstruieren. Die stummen Überzeugungen sind Mörder, die tief in unserem Inneren leben und uns in unserem Leben die meisten Schwierigkeiten bereiten. Wenn es uns gelingt, sie ans Licht zu bringen und zu wandeln, wird unser Leben eine positive Wendung nehmen, und wir werden imstande sein, unsere Süchte zu heilen.

Träume

Unser natürlicher Lebensrhythmus bietet uns ein wunderbares Werkzeug, dessen Zweck es ist, unseren Emotionskörper zu reinigen: den Traum. Die Zeit des Träumens ist ihrer Energie nach dafür bestimmt, daß wir über andere Bereiche der Wirklichkeit unterrichtet werden. Die Qualität unserer Erfahrungen in dieser Zeit leidet jedoch unter der Verschmutzung durch unsere Lügen, Süchte und ausweichenden Verhaltensweisen. Für die meisten von uns ist die Zeit der Träume zu einer alptraumhaften Wiederholung der Tagesereignisse geworden oder Schauplatz makabrer Szenen, die chaotisch und zusammenhanglos erscheinen.

Wenn unsere Träume vollkommen durch die Reinigung von den Drogen unserer Sucht in Anspruch genommen und/oder beeinflußt werden, können sie nicht heilen oder unserem Nervensystem die nächsten evolutionären Schritte beibringen. Die Zeit während des Traumes als eine Periode der Heilung benutzen zu lernen ist eine machtvolle Technik. Wenn wir unser Inneres etwas gereinigt und von den gestockten Emotionen befreit haben, werden wir feststellen, daß sich unsere Träume automatisch verändern. Nicht wenige der Klienten, die zu Beginn der Suchttherapie berichteten, daß sie keine Träume hätten, begannen sich plötzlich an ihre Träume zu erinnern, als sie auf ihre Drogen verzichteten und den Kern ihres Emotionskörpers etwas in Bewegung versetzten.

Wir können uns von den Träumen in einen größeren Bereich des Bewußtseins bringen lassen, in ein erweitertes Verständnis dessen, was wir sind und wohin wir gehen. Träume aus heilen Köpfen und Körpern vermitteln uns eine Idee davon, wofür wir leben. Sie helfen uns die Antwort, die wir suchen, zu entdekken, und schaffen eine Verbindung zu Lehrern sowohl aus inneren als auch aus anderen Wirklichkeiten. Wenn Sie sich bereit fühlen, Ihre Zeit des Träumens zum Heilen zu benutzen, ist es wichtig, daß Sie vor dem Einschlafen Ihre Absicht kundtun. Es ist nicht nötig, alles genau festzulegen oder allzusehr ins Detail zu gehen, aber es ist nützlich, wenn Sie verbal formulieren, was Sie während des Träumens zu empfangen wünschen. Eine meiner Formulierungen lautet:

»Während der Zeit meines Träumens werde ich jenen Ort aufsuchen, der am besten für mich geeignet ist, um meinen Körper auszuruhen, mein Nervensystem zu heilen und um das zu erfahren, wozu ich jetzt bereit bin.«

Wenn ich eine bestimmte Frage habe, füge ich noch hinzu:
»Ich bitte, daß ich alle nötigen Informationen über _____
erhalten und mich an diese Traumsequenz erinnern möge.«

Wenn wir uns diesem Bewußtseinsbereich öffnen, werden wir eine neue Welt aus Symbolen und Gefühlen entdecken, die eine eigene Sprache und eigene Wege hat, um Dinge zu erledigen. Wir werden über neue Verbündete und Talente verfügen. Über unsere Wahrheit zu träumen und sie auf diese Weise zu verstehen heißt, eine neue Wirklichkeit zu prägen.

Ich habe festgestellt, daß mir das Träumen manchmal genau die Antwort gibt, die ich gesucht habe, und begonnen, mit bewußtem Träumen zu experimentieren. Dabei ist einem bewußt, daß man träumt, und man kann den Traum nach Belieben verändern. Dies scheint unseren Gehirnzellen neue Wege zu eröffnen, denn unsere grauen Zellen haben ihren Spaß daran, neue Möglichkeiten zur Unterhaltung zu entdecken. Ich habe zwar noch nicht alle Möglichkeiten erforscht, aber ich bin sicher, daß die Zeit des Träumens uns die beste Gelegenheit bietet, uns selbst zu heilen und mit den natürlichen Kräften und dem Göttlichen in Verbindung zu treten.

Wir haben nun viele Wege erprobt, wie wir unsere innere Kraft finden und benutzen können, damit sie uns bei der Heilung unserer Sucht hilft. Doch es gibt noch viel mehr Wege, und vielleicht werden Sie Ihren eigenen Weg entdecken, um mit dieser Kraft in Verbindung zu kommen. Viele Menschen bedienen sich divinatorischer Methoden, um zusätzliche Informationen zu erhalten. Tarot, Numerologie, Astrologie, I Ging und viele andere Techniken stehen Ihnen zur Verfügung. Es gehört zu dieser neuen Phase Ihrer Heilung, daß Sie Freude an der Entdeckung eigener Methoden und an der Anwendung alter Techniken, die Ihnen zusagen, haben werden. Es ist tröstlich zu wissen, daß es viele Wege gibt und daß sich fast immer einer findet, der zur gegebenen Zeit der richtige ist. Sie brauchen nur zu wählen und zu lernen, sie zu benutzen.

Kapitel 7

Heilung des inneren Hungers

Nun kommen wir zu den subtilsten Schichten in unserem Prozeß der Suchtheilung. Jetzt handelt es sich darum, in unseren innersten Kern vorzudringen und herauszufinden, welche persönliche Erfahrung unseren inneren Hunger geschaffen hat. Obschon dieses Erlebnis für jede und jeden von uns verschieden ist, weist es in seinen Grundzügen Ähnlichkeit mit den Erfahrungen der anderen Menschen auf. Dennoch ist es notwendig, daß wir alle uns zum für uns richtigen Zeitpunkt und auf unsere eigene Weise der inneren Erfahrung nähern.

Bei den folgenden Übungen ist es nützlich, einen Helfer zur Seite zu haben, aber Sie können natürlich auch den Text auf Kassette aufnehmen und während des Prozesses abspielen. Eine weitere Möglichkeit besteht darin, daß Sie den Text einfach lesen, aber sie ist bei weitem nicht so wirksam oder vollständig. Finden Sie heraus, welche Methode Ihnen am meisten zusagt, und arbeiten Sie damit, sooft es Ihnen notwendig erscheint. Rufen wir uns noch einmal in Erinnerung, daß keiner von uns ›fertig‹ oder ›vollkommen‹ ist und daß wir auch am Ende dieses Buches mit unserer Heilung noch lange nicht am Ende sind. Vielleicht sagt Ihnen die Reihenfolge, in der die Übungen angeführt sind, nicht zu, und Sie wollen zuerst die Verbindung zur Quelle herstellen, um dann mit Hilfe dieser Kraft an den anderen Teilen zu arbeiten. Überlassen Sie einfach Ihrem inneren Selbst die Führung, denn es weiß, welcher Weg der beste ist für Sie und daß Sie, wenn Sie sich mit ganzem Herzen Ihrer Heilung verschrieben haben, nichts mehr aufhalten kann. Für mich gleicht der Prozeß dem Weben, und jede Übung ist ein Faden. Wir können eine geordnete Vorgehensweise wählen oder alle Fäden vermischen und etwas Neues und Einzigartiges schaffen. Lassen Sie Ihrer Kreativität freien Lauf, denn das Kunstwerk, das entsteht, sind Sie. Machen Sie von jeder Möglichkeit zur Heilung Gebrauch, und unterschätzen Sie nicht die Sabotageversuche, die von Ihrer Seite kommen werden. Wenn etwas nicht in der vorgeschriebenen Weise funktioniert, versuchen Sie es einfach auf eine andere. Lassen Sie Ihren inneren Saboteur nicht die Oberhand gewinnen, jetzt, wo Sie schon so weit gekommen sind!

Schaffung von Freiheit

Mittlerweile werden Sie sich schon einiges von dem in den Tiefen Ihrer Psyche verborgenen Material bewußt gemacht haben. In jedem von uns gibt es einen Ort, an dem wir unsere Geheimnisse aufbewahren. Dieser Ort kann sowohl die Freuden als auch die Leiden unseres geheimnisvollen Selbst enthalten. Hier lagert auch der Teil von uns, den wir immer kontrolliert und geheimgehalten haben. Da wir ihn fast unser ganzes Leben lang versteckt haben, kann er sich ziemlich verformt und verzerrt haben. Beginnen wir nun, diese tieferen Schichten unseres Bewußtseins zu kontaktieren und zu öffnen.

Fangen Sie mit einer Atemübung an, in der Ihre Intention die Kontaktaufnahme zu jenem Teil ist, den Sie Ihr bisheriges Leben lang kontrolliert und unterdrückt haben. Wenn wir diesem Aspekt des Selbst zu verschmelzen erlauben, so kann dies die Ursache für eine tiefgehende Heilung oder Öffnung zu den tiefsten Gefilden des emotionalen Selbst sein. Was wir immer kontrolliert haben, ist uns gewöhnlich ziemlich fremd, und wir werden wahrscheinlich über das, was auftauchen wird, sehr erstaunt sein. Aber wenn Sie diesen Bereich voller Liebe für sich und voller Vertrauen auf die Führung durch Ihr göttliches Selbst betreten, dann können Sie sicher in diese dunkle Kammer blicken. Was Sie dort finden werden, ist nur ein anderer Teil Ihres Selbst, der darauf wartet, ans Licht gebracht und geheilt zu werden.

Machen Sie sich diesen Aspekt Ihres Wesens voll bewußt, und verleihen Sie den Überzeugungen und Gefühlen Ausdruck, um sich von ihnen lösen zu können. Dies ist die Vorbereitung für die folgende Reise.

Lassen Sie den folgenden Text von Ihrem Partner bzw. Ihrer Partnerin lesen, oder sprechen Sie ihn auf Kassette.

Leg dich bequem auf den Boden. Dehn und streck dich, bis dein Körper sich wohl fühlt, und nimm dann wieder die Verbindung zu dem Teil auf, den du dein ganzes Leben lang kontrolliert hast.

Gib diesem Teil die Erlaubnis, sich der Möglichkeit bewußt zu werden, nicht mehr unter Kontrolle zu stehen. Erlaub ihm zu atmen und zu fühlen, laß ihn dein ganzes Potential fühlen, und fühl selbst, wie es ist, nicht kontrolliert zu werden.

Fühl dich vollkommen frei. Werde dir der Stricke und Fesseln bewußt, die diesen Teil deiner selbst gefangen hielten. Du warst ein Gefangener, der von den anderen und von dem eigenen Bedürfnis, sich anzupassen und den Maßstäben der Gesellschaft gerecht zu werden, beherrscht wurde. Das Bedürfnis nach Zugehörigkeit hat mehr Menschen zu Gefangenen gemacht als irgend etwas anderes. Es ist das Bedürfnis, akzeptiert zu werden und dazuzupassen.

Beginn diesen Teil deines Wesens zu berühren, und laß ihn wissen, daß du dazugehörst, daß du zu Hause bist. Es ist keine Kontrolle mehr nötig, niemand braucht dir mehr zu sagen, was du tun oder wie du sein sollst. Es besteht keine Notwendigkeit mehr für irgendeine Art von Begrenzung in diesem Teil deines Wesens. Du bist einfach frei. Ja, fühle diese Freiheit. Fühle, wie es ist, in deinem innersten Kern frei zu werden und wirklich du selbst zu sein. Beginne nun die Bande und Fesseln zu lösen, schließ die Türen auf, und atme tief in diesen Teil deines Wesens.

Fühle, wie er frei wird, laß die Tränen fließen — auch die Laute und Bewegungen, die notwendig sind, um diesen Teil zu befreien.

Berühre nun den Teil deines Körpers, der gefesselt ist, und löse die Stricke und Ketten. Löse die Einstellung auf, die sagt, daß du nicht o. k. bist, die behauptet, jemand anders könne sagen, ob du o. k. bist oder nicht.

Verzichte auf jede Form von Autorität außerhalb deiner selbst. Verzichte darauf, anderen gefallen zu wollen. Verzichte auf das Spiel, dich selbst zu kontrollieren, wenn die anderen es nicht tun, nur um dich dann in deren Sinn zu kontrollieren. Werde zu deiner eigenen Autorität, zu einem Wesen, das in jedem Augenblick des Lebens das wählt, was ihm entspricht.

Atme tiefer. Atme tief in deinen innersten Kern hinein. Fühl die ewige Freiheit, die im Herzen eines jeden Wesens existiert – eines jeden Menschen, jeden Tieres. Dein Wesenskern ist Freiheit, fühle diese Freiheit. Erlaub dieser Freiheit, mit jedem Atemzug größer zu werden, als ob der Wind diese Flamme schürte. Laß diese Flamme zu einem Feuer werden, das deinen ganzen Körper erfaßt – diese Flamme der Freiheit. Fühle diese Flamme in deinem Blut, in deinem Nervensystem, in deinen Organen und deinen Drüsen – Freiheit. Du hast von Geburt an ein Recht auf diese Freiheit, auf deine Wahrheit und auf deine Wirklichkeit. Diese Wirklichkeit besteht darin, daß du die Wahl hast, frei zu sein, und daß du in Einklang mit deiner Wahrheit wählen kannst. Atme diese Freiheit durch deinen ganzen Körper, laß sie über deine Haut streichen, durch dein Haar: gleich einem Feuer, das die alten Kontrollmechanismen verbrennt. Laß die alten Überzeugungen in den Flammen der Freiheit aufgehen, und werde frei!

Fühle, wie aufregend es ist, ein wahrhaft freies Wesen zu sein – frei zu sein und das zu wählen, was du wirklich bist und wonach du dich am meisten sehnst. Frei zu lieben und geliebt zu werden, so viel, wie du es dir nur vorstellen kannst, und so viel, wie du imstande bist zu empfangen und zu geben. Frei, das zu tun, was für dich richtig ist.

Freiheit.

Freiheit von Sucht, Freiheit von Gewohnheit, Freiheit von elterlicher Kontrolle – das ist alles dasselbe. Gib dir die Erlaubnis, die Freiheit voll und ganz zu empfinden, die Freiheit zu leben, zu fühlen und zu atmen, die Freiheit, dein Leben als freie Frau oder als freier Mann, als ein freies menschliches Wesen zu verbringen.

Stell dir vor, daß du neue Wege der Freiheit zu erforschen beginnst, die du dir nie hättest träumen lassen. Das Leben wird sich dir von einer ganz neuen Seite zeigen, wenn du als freies Wesen zu leben beginnst. Freie Wesen können Dinge denken, *die ihren Gewohnheiten verfallene Wesen sich nicht einmal vorstellen können. Wenn du die deinem Wesenskern innewohnende Freiheit ermächtigst, zu deiner treibenden Kraft zu werden, so wird dies Veränderungen in dir bewirken, und diese Veränderungen werden dich in Bereiche führen, die wunderbarer und herrlicher sind als alles, was du bisher erlebt hast. Doch diese Veränderungen können dich auch in vertraute Bereiche führen, und du wirst dich darin wohler fühlen als je zuvor.*

Das freie Wesen in deinem Inneren, das du jetzt von seinen Fesseln befreit hast, weiß, daß du ihm zuhörst, und es wird sich daher zu Wort melden. Atme ein paarmal tief ein und aus, und gib acht, was es zu sagen hat.

Beginn mit ihm ein Gespräch, damit du spürst, was diese Freiheit bedeutet, und dich ihr verpflichtet fühlst. Öffne dich dieser Freiheit rückhaltlos, und laß dein ganzes Wesen in ihr aufgehen. Nimm dir genügend Zeit, um diesen Prozeß zu vollenden — ein freies Wesen hat immer genug Zeit.

(Bei der Aufzeichnung auf Kassette hier einige Minuten Pause machen.)

Atme tief und voll, beweg deinen Körper, und kehr mit der Verpflichtung zu dieser Freiheit wieder in den Raum zurück. Berühre den Teil deines Körpers, wo diese Freiheit entspringt, mit deiner Hand. Erinnere dich immer wieder daran, diesen Teil deines Körpers zu berühren, und wenn du ihn berührst, denk an die volle Tiefe und Macht deines Wesens und an deine Verpflichtung zur Freiheit. Du bist frei und kannst wählen, was du willst — wer du sein willst und wie und wo du leben willst. Jetzt kannst du dir wieder in Erinnerung rufen, daß es dir freisteht, jederzeit deine Sucht aufzugeben. Wenn du das Gefühl hast, bereit zu sein, setz dich langsam wieder auf.

Eindringen in den innersten Kern

Nach der Entdeckung unserer Freiheit gilt es nun zu erforschen, ob es noch etwas zu befreien gibt. Schauen Sie tief in

Ihren innersten Wesenskern, und finden Sie die Quelle Ihres inneren Hungers. Fühlen Sie diesen Hunger. Welcher Natur ist dieser Hunger, der Sie in Sucht und Abhängigkeit getrieben und Sie unglücklich gemacht hat? Was ist die Natur dieses innerlichen Leeregefühls?

Während Sie diese Worte lesen, werden Sie die Antworten auf intuitive Weise zu fühlen beginnen. Legen Sie das Buch einfach hin und wieder beiseite, und fühlen Sie in sich hinein. Das ist das Ende des Selbstheilungsprozesses, mit dem wir uns beschäftigen, obwohl es natürlich in Wirklichkeit kein Ende gibt. Es ist nur logisch gesehen der Schlußteil, doch der Prozeß beginnt auf einer anderen Ebene von neuem. Nehmen Sie sich daher viel Zeit für die Vollendung dieses Stadiums Ihrer Heilung.

Das sind einige der Gefühle, die vermutlich auftauchen werden:

– *Es ist mir, als ob ein Kind weinen würde.*
– *Ich habe das Gefühl einer weiten, unstillbaren Leere.*
– *Ich habe das Gefühl, daß nichts in mir ist.*
– *Ich fühle mich so allein.*
– *Es ist nur Schmerz da.*

Was immer es auch sein mag, lassen Sie dieses Gefühl zu, um es in seiner vollen Tiefe auszuloten. Der nächste Teil dieses Prozesses bezieht sich auf das innere Kind, den Schmerz oder die Leere.

Heilung des inneren Kindes

Wenn das hungrige Kind gefüttert werden will, dann erlauben Sie sich, mit ihm in Verbindung zu treten. Nehmen Sie eine bequeme Körperhaltung ein, und laden Sie das innere Kind ein, in Erscheinung zu treten. Vielleicht müssen Sie zuerst wieder einige Atemübungen machen, um diese Gefühle hervorzuholen; tun Sie einfach, was notwendig ist, um mit diesem Kind zusammenzusein. Lassen Sie es weinen oder einen Wutausbruch bekommen, lassen Sie es alles ausdrücken, was es will und muß, und sagen Sie ihm: »Ja, ich weiß, es tut weh. Ja, du kannst mir alles darüber erzählen. Ja, ich bin hier bei dir.« Ermuntern Sie es, mehr und mehr an die Oberfläche zu kommen. Sie könnten ihm während dieses Prozesses sogar einen Teddybär oder eine Puppe in die Arme legen, damit es herauskommt. Hören Sie ihm gut zu. Das innere Kind wird Ihnen jetzt erzählen, welche Probleme es in Ihrem Leben hatte. Haben Sie Geduld, es braucht Vertrauen, um seinem Herzen Luft zu machen. Die Konzentrationszeit ist bei Kindern ziemlich kurz, daher wird es ihm nicht möglich sein, während einer Sitzung ein ganzes Leben voller Schmerz und Hunger zu klären, doch warten Sie ab, bis es alles, was es kann, hervorgebracht hat. Sie müssen es wissen lassen, daß Sie von nun an immer Zeit für seine Sorgen haben. Sobald Sie einmal mit diesem Teil Ihres inneren Selbst Verbindung aufgenommen haben, werden Sie merken, daß er das Verlangen hat, zu den erstaunlichsten Zeiten aufzutauchen. Es kann sein, daß er Sie mitten in einer wichtigen Unterredung plötzlich an Eiscreme denken läßt; dann müssen Sie Geduld mit ihm haben. Meistens will er bloß Ihre Aufmerksamkeit erregen.

Nachdem das innere Kind genug Zeit gehabt hat, von all seinen Nöten, Ängsten und Wünschen zu sprechen, nehmen Sie es wieder unter Ihre elterlichen Fittiche. Suchen Sie nach einem starken und positiven Bild des Männlichen oder Weiblichen in Ihrem Inneren, und stellen Sie ihm dieses als Vater oder Mutter zur Seite. Sagen Sie ihm, daß Sie es lieben und daß Sie immer für es da sein werden. Seien Sie der beste Vater oder die beste Mutter, die Sie sich vorstellen können, und überschütten Sie es mit Ihrer Liebe. Erzählen Sie ihm Geschichten, und fragen Sie es, ob es ein Geschenk braucht. Schenken Sie ihm etwas, geben Sie ihm alles, was es sich wünscht. Sein Anteil an Ihrem inneren Hunger war sehr bedeutend, und es zu pflegen heißt daher, den Weg zur eigenen Heilung einzuschlagen.

Wenn Sie es zu Ihrer Zufriedenheit versorgt haben, können Sie es schlafen legen oder froh und glücklich spielen lassen, doch vergessen Sie nicht, ihm zu versprechen, daß Sie gelegentlich nach ihm schauen werden. Dieses Versprechen müssen Sie *unbedingt* einhalten, wenn Sie diesen Teil des Prozesses nicht ständig wiederholen wollen.

Die Heilung des inneren Kindes vollzieht sich nicht auf einmal, sondern ist – wie alles übrige auch – ein vielschichtiger Prozeß. Wie und wann Sie diesen Teil einordnen wollen, bleibt Ihnen überlassen. Wahrscheinlich werden Sie feststellen, daß das innere Kind zu den Teilen gehört, die am leichtesten zu heilen sind, es sei denn, es hätte tatsächlich ein physisches oder emotionelles Trauma erlitten. In diesem Fall nehmen Sie sich noch mehr Zeit und sind noch liebevoller zu ihm. Was das Kind braucht, ist zu wissen, daß es geliebt und beschützt wird und daß jemand anders der Erwachsene ist. Dann wird es sich entspannen und verlangen, was es braucht. Wenn Sie gewillt sind, diese Aufgabe zu übernehmen, werden Sie über eine große innere Kraft verfügen. Zu viele von uns verbringen ihr Leben mit dem Versuch, die Geborgenheit des Elternhauses außerhalb ihrer selbst wiederzufinden. Wir heiraten, um bemuttert zu werden. Wir gehen alle möglichen merkwürdigen ›Freundschaften‹ ein, um diesen tiefen inneren Hunger zu stillen. Meistens tun wir dies unbewußt und können daher nie verstehen, warum uns der Ehepartner oder Freund nicht mehr ertragen kann. Wenn wir unsere eigenen Eltern sind und dann eine Beziehung eingehen, wird unser inneres Kind einen Spielgefährten finden und seinen Spaß daran haben. Wenn innerhalb einer bestehenden Beziehung jeder der Partner beschließt, für sich selbst die Elternschaft zu übernehmen, so werden beide beobachten können, welche Befreiung es darstellt, wenn jede bzw. jeder so sein kann, wie sie oder er wirklich ist. Dies ist eine der lohnendsten Aufgaben auf dem Weg zur Heilung von unserer Sucht, denn wenn wir die Beziehung aufrechterhalten, können wir einander beim Erwachsenwerden zusehen und gleichzeitig unsere inneren Kinder miteinander auf gesunde und beglückende Art spielen lassen. Einer kann des anderen bester Freund auf vielen Ebenen werden.

Heilung der inneren Leere

Ein weiterer Schritt im Prozeß zur Heilung unserer Sucht besteht darin herauszufinden, wie es ursprünglich zu diesem Gefühl des Getrenntseins, der inneren Leere oder Einsamkeit kam.

Lassen Sie sich zu den Klängen sanfter Musik in eine tiefe Entspannung gleiten, in der Sie sich frei und gelöst fühlen. Schütteln Sie die Alltagssorgen ab, und steigen Sie hinunter in die Tiefen Ihrer inneren Wahrheit. Bitten Sie Ihre innere Vision um Bilder, die Ihnen zeigen, wie dieses Gefühl des Getrenntseins zum ersten Mal entstanden ist. Wenn Bilder aus Ihrer Kindheit auftauchen, bitten Sie Ihr göttliches Selbst, Ihnen noch frühere zugänglich zu machen. Benutzen Sie die Energie und Emotion dieser Kindheitsszenen, um sich noch tiefer in Ihre Wahrheit hineintragen zu lassen. Lassen Sie die Erinnerung an das erste Mal zu, als Ihr Bewußtsein die Wahl traf, sich von der Gottesquelle zu entfernen, um sich in die Körperlichkeit zu begeben.

Empfinden Sie dieses Gefühl.

Bringen Sie dieses Gefühl zum Ausdruck. Weinen, schluchzen, schreien oder jubeln Sie!

Welche Wahrheit enthielt diese Erfahrung für Sie?

Erforschen Sie, wie diese Erfahrung des Getrenntseins zustande kam. Erlebten Sie, daß Sie aufgrund eigener Wahl weggingen?

Erlebten Sie, daß Sie weggeschickt wurden?

Erlauben Sie diesem Wissen, wieder aufzutauchen, und fühlen Sie, wie es sich in Ihr Gedächtnis eingeprägt hat.

Machen Sie sich bewußt, welche Wirkung diese Erfahrung auf Sie gehabt hat. Verweilen Sie bei dem Teil, der diese Erinnerung gespeichert hat, mit der Absicht, sie bewußt zu erleben.

Sprechen Sie alle Überzeugungen und Einstellungen aus, die zu diesem wesentlichen Zeitpunkt Ihrer Entwicklung gebildet worden sind. Sprechen Sie all Ihre Ängste, Gedanken und Mißverständnisse aus. Bringen Sie die mit diesen Überzeugungen verbundenen Gefühle voll zum Ausdruck.

Machen Sie sich bewußt, welche Erinnerung an die göttliche

Quelle Sie in dieser Zeit gespeichert haben. Welches Gottesbild tragen Sie in sich?

Beginnen Sie mit diesem Gottesbild ein Gespräch. Sprechen Sie alles aus, was Sie empfinden und für wahr halten.

Lassen Sie diese Erfahrung voll zur Wirkung kommen.

Wenn dieses Gottesbild männlich ist, haben Sie die Aspekte, die Sie von diesem Bild in Ihr Leben mitgenommen haben, auf Ihren Vater und auf andere wichtige männliche Figuren in Ihrem Leben übertragen. Rufen Sie sich daher auch diese mit all ihren Aspekten in Erinnerung.

> *Ist Gott erzürnt, weil Sie ihn verlassen?*
> *Straft oder verbannt er Sie, weil Sie irgend etwas getan haben?*
> *Vernachlässigt oder ignoriert dieser Gott Sie?*
> *Sind Sie Gott böse?*
> *Fühlen Sie Auflehnung gegenüber Gott?*
> *Fühlen Sie Beschämung?*

Nachdem Sie Ihre Gefühle über die Trennung von Gott zum Ausdruck gebracht haben, bitten Sie Ihr Gottesbild, Ihnen diese Erfahrung aus seiner Sicht zu beschreiben.

Hören Sie gut zu. Dies ist die Art und Weise, wie Sie Gott in sich tragen. Ist dieser Gott zürnend oder strafend? Ist dieser Gott ein vergebender und mitfühlender? Hören Sie gut zu, denn dies ist Ihre innere Prägung.

Wenn Ihr Gottesbild ursprünglich männlich war, bitten Sie jetzt um das Erscheinen eines weiblichen Gottesbildes. Stellen Sie mit diesem weiblichen Aspekt Gottes ähnliche Assoziationen an. Sprechen Sie alles aus, was Sie damals beim Verlassen der Urmutter empfanden. Lauschen Sie aufmerksam auch der Erfahrung dieses Aspektes.

Lassen Sie die Erkenntnis zu, daß Sie selbst diesen Trennungsmythos geschaffen haben. Erkennen Sie, wie Sie diesen Mechanismus in Gang gehalten haben. Sagen Sie dem inneren Gott oder der inneren Göttin, was Sie getan und warum Sie es getan haben. Sprechen Sie es laut aus.

> *Sind Sie Gott böse?*
> *Fühlen Sie Auflehnung gegenüber Gott?*
> *Sind Sie beschämt?*

Wenn Sie das Gefühl haben, daß Ihr ursprüngliches Gottesbild jetzt nicht mehr für Sie stimmt, bitten Sie Ihr göttliches Selbst, Ihnen bei der Erschaffung eines Bildes, das zu Ihrem jetzigen Entwicklungszustand paßt, zu helfen. Diese Möglichkeit stand Ihnen immer offen. Erkennen Sie, daß Gott schon immer in dieser Form existiert und nur darauf gewartet hat, von Ihnen entdeckt zu werden. Verzeihen Sie Gott und sich selbst alle Versäumnisse, die Sie je wahrgenommen haben.

Nehmen Sie sich für diesen Teil des Heilungsprozesses so viel Zeit, wie Sie brauchen, um alles aufzuzeichnen und sich einzuprägen. Suchen Sie die tiefste Stelle Ihres inneren Hungers auf, und füllen Sie sie mit dieser neuen Erfahrung. Bringen Sie Ihr neues Gottesbild zu den Stellen, die der Sitz Ihrer Sucht sind, und zeigen Sie ihm, auf welche Weise Sie versucht haben, den Hunger zu stillen – oder versucht haben, ihn nicht zu fühlen.

Atmen Sie Gott in Ihr Zentrum ein, in Ihren innersten Kern. Atmen Sie Gott in den dunkelsten Teil Ihres inneren Wesens hinein. Finden Sie alle vordem unentdeckten Stellen, die noch Hunger bergen. Erlauben Sie diesem neuen Gottesbild, zu einem mächtigen Verbündeten für Sie zu werden. Dieser Gott, diese Göttin hat und wird Sie weder je verlassen noch richten. Lassen Sie dieses Wissen tief in sich sinken.

Stellen Sie alle Fragen, die nötig sind, und empfangen Sie die Antworten. Dies ist eine neue Zeit in bezug auf Ihre Sucht und ein neuer Tag in Ihrem Leben. Nutzen Sie ihn nach besten Kräften.

Wenn Sie fühlen, daß Sie Ihre Einstellung, von Gott getrennt zu sein, überwunden haben, beginnen Sie mit dem neuen Gottesbild zu verschmelzen. Atmen und fühlen Sie die wahre Liebe der Göttlichkeit und Ihre Liebe zu ihr. Verschmelzen Sie mit dieser Quelle so vollkommen, wie Sie nur irgend können. Rufen Sie sich die alten Überzeugungen noch einmal in Erinnerung, um Sie in der neuen Gotteserfahrung aufgehen zu lassen. Finden Sie ein neues harmonisches Gleichgewicht, das in Einklang mit Ihrem neuen Verständnis steht.

Atmen und fühlen Sie, wie die Energie dieser Quelle durch Ihren physischen Körper strömt und wie sich Ihr Emotionskörper mit dieser Kraft füllt. Lassen Sie diese Kraft fließen, ohne ihr Einhalt zu gebieten. Jetzt können Sie aufs Ganze gehen. Der Vorrat an dieser Energie ist unbegrenzt, und Sie können so viel davon haben, wie Sie brauchen. Erlauben Sie dieser neuen Energie, Sie vollkommen zu durchdringen.

Atmen Sie die Energie in die Stellen, die erst kürzlich frei geworden sind.

Atmen Sie die Energie in das hungrige Kind in Ihrem Inneren.

Atmen Sie die Energie in den Sitz der Sucht.

Atmen Sie die Energie in Ihre Chakren (Energiezentren) und in Ihr Nervensystem.

Atmen Sie die Energie in Ihren Verstand und in Ihre Gedanken.

Atmen Sie die Energie in jede Stelle, die unter einer physischen Erkrankung oder Verwundung leidet.

Finden Sie Stellen, von deren Existenz Sie vordem nichts wußten, und atmen Sie die Energie in sie hinein.

Beginnen Sie Ihren Körper zu bewegen, spielen Sie Musik, und tanzen Sie mit diesem Gottesaspekt, den Sie gefunden und empfangen haben. Bringen Sie die Freude an dieser Verbindung durch die Bewegungen Ihres Körpers zum Ausdruck. Fühlen Sie Ihre Dankbarkeit, fühlen Sie, wie glücklich Sie sind.

Lassen Sie dieses Gefühl überall hinströmen.

Lassen Sie sich von diesem Gefühl des Einsseins zur Ekstase führen. Machen Sie Ihr menschliches Anrecht auf Ekstase und Verzückung geltend. Wenn Sie es zulassen, kann Sie diese neue Verbindung zur Quelle in Ihren natürlichen Zustand der Ekstase bringen. Das ist der einzige Zustand von Verzückung und Ekstase, der wirklich zählt.

Gehen Sie die Verpflichtung ein, diese Erfahrung jederzeit, sofern Sie es wünschen und es Ihnen angemessen erscheint, zuzulassen. Verpflichten Sie sich, diese Erfahrung zu einem Bestandteil Ihres täglichen Lebens zu machen, als Ausdruck Ihres wahren Wesens.

Zusammenfassung

Dieser Prozeß gehört nun Ihnen. Sie können mit seiner Hilfe so weit in Ihre inneren Bereiche vordringen, wie es Ihnen beliebt. Solange Sie gewillt sind, weiterzumachen und ehrlich mit sich selbst zu sein, steht der Heilung all Ihrer süchtigen Verhaltensmuster nichts im Weg.

Sobald wir anfangen zu glauben, daß wir nun perfekt seien, ist es Zeit, Urlaub zu machen, an einen stillen Ort zu fahren und mit den ›Ausgrabungen‹ fortzufahren. Wir werden mit ziemlicher Sicherheit auf eine Schicht stoßen, die der Heilung bedarf.

Das Motto der Anonymen Alkoholiker lautet: »Ehrlichkeit, Offenheit, Bereitwilligkeit.«

Wenn Sie diese Reise einmal begonnen haben, ist die Wahrscheinlichkeit, daß Sie wieder umkehren, nur gering. Sehr schnell wird Ihnen die Straße, die hinter Ihnen liegt, viel länger und gefährlicher vorkommen als der Weg, der sich vor Ihnen erstreckt. Der Emotionskörper beginnt sich seiner neugefundenen Freiheit und Ausdrucksmöglichkeit zu erfreuen, und mentaler und physischer Körper zeigen Veränderungen. Anstatt Ihre Beziehungen ertragen zu müssen, werden Sie Freude an Ihnen haben. Ihr Wesen wird sich mehr und mehr seiner Göttlichkeit bewußt werden. Ihre Hoffnung, daß Ihr Leben nie mehr so sein möge, wie es war, wird sich erfüllen.

Wir gewöhnen uns sehr schnell an das neue Klima der Glückseligkeit und fühlen uns dort wie zu Hause. Bald finden sich Freunde ein, die bereit sind, sich uns anzuschließen, und so entsteht unsere ›wirkliche‹ Familie, und wir entdecken, daß wir tatsächlich nie allein sind.

Dank

Mein besonderer Dank gilt Hugh Wheir, meinem Lebenspartner, Verbündeten und besten Freund, der das Manuskript durchgelesen und jene Teile hinzugefügt hat, die ich vergessen hatte. Er lebt und schafft mit mir gemeinsam den Prozeß der Heilung, und ich danke ihm für seine Liebe und Unterstützung.

Mein Sohn Sean Harrison, der ständig schneller wächst als ich, ist mir eine Quelle der Inspiration und spornt mich an, meine Süchte zu heilen.

Nelson Zink, mein Therapeut, gab den Anstoß, mich selbst um meine eigene Heilung zu kümmern, als er mich als Patientin entließ; heute bin ich ihm sehr zu Dank verpflichtet.

Dem Tribe, Lehrern und Heilern, die mich inspirierten, verdanke ich viele meiner Techniken sowie so manche grundlegenden Einsichten über die Wirklichkeit.

Nicht zuletzt danke ich meinen Patienten, die meine besten Lehrer sind, und allen Verwandten und Freunden, die an meinem Prozeß teilnahmen und mir immer dann als Lehrer und Heiler zur Seite standen, wenn meine Seele es brauchte.

Falls Sie sich über Vortragsreisen und Workshops mit Cia Criss informieren möchten, kontaktieren Sie bitte ihre deutsche Agentin

Lichtnetz
Elfi Ammann
Fasanenstr. 22
8025 Unterhaching bei München
Tel. (089) 61 12 42 4

Auch private Sitzungen können von Frau Ammann organisiert werden.

Über die Autorin

CIA CRISS betreibt in Santa Fe, New Mexico, eine Praxis für ganzheitliche Heilpraktiken. Ihre Seminare in den USA, in Südamerika, Europa, Asien zum Thema der ›Heilwerdung‹ durch verschiedene Techniken der Energiearbeit sind sehr gefragt.

HEYNE
BÜCHER

Mut zum eigenen Selbst
Sei wer du bist

17/1

Sein eigenes Ich finden und sich von der Familie abnabeln

17/73

Außerdem lieferbar:

Gabriela Vetter
Durchbruch zum Leben
Probleme ehrlich anpacken
17/71

Udo Weinbörner
Hinter der Tretmühle beginnt das Leben
Lassen Sie sich nicht von Streß, Hetze und Alltagstrott kaputtmachen!
17/87

Wilhelm Heyne Verlag
München

Grundfragen der Psychologie
Praktische Lebenshilfen

Wilhelm Heyne Verlag
München